essentials

Essentials liefern aktuelles Wissen in konzentrierter Form. Die Essenz dessen, worauf es als „State-of-the-Art" in der gegenwärtigen Fachdiskussion oder in der Praxis ankommt. *Essentials* informieren schnell, unkompliziert und verständlich

- als Einführung in ein aktuelles Thema aus Ihrem Fachgebiet
- als Einstieg in ein für Sie noch unbekanntes Themenfeld
- als Einblick, um zum Thema mitreden zu können

Die Bücher in elektronischer und gedruckter Form bringen das Fachwissen von Springerautor*innen kompakt zur Darstellung. Sie sind besonders für die Nutzung als eBook auf Tablet-PCs, eBook-Readern und Smartphones geeignet. *Essentials* sind Wissensbausteine aus den Wirtschafts-, Sozial- und Geisteswissenschaften, aus Technik und Naturwissenschaften sowie aus Medizin, Psychologie und Gesundheitsberufen. Von renommierten Autor*innen aller
Springer-Verlagsmarken.

Ralf T. Kreutzer · Sonja Klose

Online-Marketing-Glossar

Die wichtigsten Definitionen im Überblick

Ralf T. Kreutzer
Hochschule für Wirtschaft und Recht
Berlin, Deutschland

Sonja Klose
Hochschule für Wirtschaft und Recht
Berlin, Deutschland

ISSN 2197-6708   ISSN 2197-6716 (electronic)
essentials
ISBN 978-3-658-50211-9   ISBN 978-3-658-50212-6 (eBook)
https://doi.org/10.1007/978-3-658-50212-6

Die Deutsche Nationalbibliothek verzeichnet diese Publikation in der Deutschen Nationalbibliografie; detaillierte bibliografische Daten sind im Internet über https://portal.dnb.de abrufbar.

Planung/Lektorat: Angela Meffert
Springer Gabler ist ein Imprint der eingetragenen Gesellschaft Springer Fachmedien Wiesbaden GmbH und ist ein Teil von Springer Nature.
Die Anschrift der Gesellschaft ist: Abraham-Lincoln-Str. 46, 65189 Wiesbaden, Germany

Was Sie in diesem *essential* finden können

- Erklärungen zu über 400 Fachbegriffen
- Definitionen zu Online-Werbung, SEM, E-Mail-Marketing, Mobile-Marketing, Social-Media-Marketing, E-Commerce und vielen weiteren Bereichen
- Fachwissen für Einsteiger und Profis

Inhaltsverzeichnis

Glossar

A/B-Test bzw. A/B-Testing (auch Split-Run-Test)
Ein A/B-Test ist eine Testmethode, bei der zwei Ausgestaltungsvarianten beim Einsatz eines Kommunikationsmittels (etwa einer E-Mail) im realen Umfeld hinsichtlich ihrer Wirkungen in zwei strukturgleichen Testgruppen (Gruppe A und B) eingesetzt werden. Bei einem solchen Test darf nur eine Gestaltungsvariante bei den beiden Alternativen unterschiedlich sein, damit die Wirkung dieser einzelnen Variante auf das Gesamtergebnis ermittelt werden kann.

Abmelderate
Die Abmelderate ist eine Messgröße für den Erfolg von E-Mail-Kampagnen. Sie beschreibt das Verhältnis der Anzahl der Abmeldungen in Relation zu allen Empfängern einer E-Mail. Sie wird errechnet, indem man die Anzahl der Abmeldungen des letzten E-Mail-Newsletters mit 100 multipliziert und durch die Anzahl aller Empfänger (also die Versandmenge, verringert um die Anzahl der Bounces) dieses Newsletters teilt.

Absprungrate
Vgl. Bounce Rate.

Account
Account bezeichnet im Online-Marketing ein Nutzerprofil (auch Benutzer- oder Userkonto) in den sozialen Medien. Generell steht dieser Begriff für „Konto".

R. T. Kreutzer, S. Klose, *Online-Marketing Glossar*, essentials,
https://doi.org/10.1007/978-3-658-50212-6_1

Ad

Ad ist die Kurzform von „advertisement", dem englischen Wort für Werbung bzw. für einzelne Werbemittel wie ein Banner, eine Anzeige oder einen Spot.

Ad Click (auch Ad-Klick)

Ein Klick auf ein verlinktes Werbemittel wird als Ad Click bezeichnet. Hierdurch wird erfasst, wie viele Nutzer durch einen kommunikativen Online-Impuls dazu motiviert wurden, einen verlinkten Inhalt einer Website (bspw. ein Online-Werbemittel) anzuklicken.

Ad Impressions (auch Ad Views)

Diese Kennzahl soll angeben, ob es zu einem Sichtkontakt eines Nutzers mit dem jeweiligen Werbemittel gekommen ist. De facto handelt es sich aber nicht um die Erfassung des echten Sichtkontaktes. Je nach Verfahren wird entweder bereits die Anforderung des Werbemittels gezählt, unabhängig davon, ob der Nutzer bei der Auslieferung noch auf der Site ist oder nicht. Oder es wird die abgeschlossene Auslieferung des Werbemittels erfasst, bei der der Nutzer zumindest die Chance hatte, diese auch tatsächlich zu sehen. Allerdings nur dann, wenn er nicht bereits weitergescrollt oder die Website verlassen hatte.

Ad-Server

Ad-Server bezeichnen die technische Infrastruktur zur Auslieferung von Online-Werbemitteln. Derartige Systeme können sowohl von den Website-Betreibern als auch den Vermarktern, den Agenturen oder den Werbetreibenden selbst eingesetzt werden. Der Ad-Server liefert – auf unterschiedlichen Targeting-Varianten aufsetzend – die ausgewählten Werbemittel beim Aufruf einer Website. Hierfür sind auf der Website Platzhalter für die Werbung in Form von Ad-Tags als Links integriert.

Ad-Tag

Ein Ad-Tag ist eine Markierung in Gestalt eines Programm-Codes auf einer Website, der einen Ad-Server anspricht und dort eine Online-Werbung abruft. Diese Markierung gibt auch den Impuls an den Browser, ein Fenster zu öffnen, um dort den Werbebanner anzuzeigen, den der Ad-Server bereitstellt.

Adresse bzw. Adressdaten

Die Adresse bzw. die Adressdaten stellen die zentrale Grundlage für viele Formen der Dialogkommunikation (bspw. Werbebriefe, E-Mails) dar. Die Adresse setzt sich i. d. R. aus Vor- und Nachnamen, Titel (bei Entscheidungsträgern auch Funktion und Unternehmen) und postalischer Adresse zusammen. E-Mail-Adressen und Telekommunikationsdaten (Telefon- und Faxnummern) gehören ebenfalls zu den Adressdaten.

Adressselektion

Auswahl von Adressen nach bestimmten Selektionskriterien, die sich von der anzusprechenden Zielgruppe ableiten.

Advertiser

Vgl. Affiliate-Marketing.

Affiliate

Vgl. Affiliate-Marketing.

Affiliate-Marketing

Beim Affiliate-Marketing handelt es sich i. d. R. um eine internetbasierte Vertriebskooperation. Hierbei stellt ein Anbieter (der „Advertiser" oder „Merchant" für „Händler") einem anderen Unternehmen Werbemittel zur Verfügung, damit dieser Partner (der „Affiliate" oder „Publisher") diese auf seinen Websites zur Bewerbung des Händler-Angebotes einbindet. Hierdurch wird versucht, der Website des Händlers weitere Werbebesucher zuzuleiten.

After-Sales-Services

Unter After-Sales-Services sind unterschiedliche Dienstleistungen eines Unternehmens zu verstehen, die ein Unternehmen seinen Kunden nach dem Kauf in der Ver- bzw. Gebrauchsphase anbietet. Dazu gehören kostenpflichtige oder kostenlose Service-Hotlines, Schulungen, Wartungsverträge u. Ä. After-Sales-Services sollen die Kundenbindung stärken, zusätzliche Umsätze und Gewinne realisieren und im Idealfall bereits weitere Käufe (More-Sell, Cross-Sell, Up-Sell) vorbereiten und fördern.

AIDA-Formel

Die AIDA-Formel kennzeichnet ein Stufenmodell der Kommunikationswirkung, bei dem die Stufen **A**ttention, **I**nterest, **D**esire und **A**ction unterschieden werden.

Akquisition

Unter Akquisition ist die Gesamtheit der Aktivitäten eines Unternehmens zu verstehen, die darauf abzielt, Personen und/oder Unternehmen anzusprechen, um diese zum Kauf zu bewegen. Die Neukundenakquisition fokussiert sich auf die Gewinnung von Neukunden. Durch Akquisitionsmaßnahmen können auch schon bestehende Kunden zu weiteren Käufen motiviert werden.

Algorithmus

Ein Algorithmus ist eine eindeutige Handlungsvorschrift zur Lösung einer Aufgabe. Er besteht aus einer endlichen Anzahl von wohldefinierten Einzelschritten.

Anforderungsquote

Die Anforderungsquote ist eine spezifische Ausprägung der Conversion Rate und beschreibt den Prozentsatz von Informationsanforderungen als Reaktion auf eine E-Mail im Verhältnis zu der Versandmenge.

Antwortrate (auch Responserate)

Die Antwortrate gibt an, wie viele Empfänger direkt auf eine E-Mail, ein Mailing oder eine andere Art von Direct-Response-Werbemittel geantwortet haben. Zur Ermittlung wird die Anzahl der Antworten als Prozentwert der Versandmenge ausgewiesen. Antworten können sowohl Bestellungen wie auch Vereinbarungen von Besuchs- oder Probefahrtterminen, der Abruf von Informationen oder Weiterempfehlungen sein.

App

App ist eine Kurzform des Wortes Applikation und bezieht sich im deutschsprachigen Raum zumeist auf Anwendungsprogramme für mobile Endgeräte (wie Smartphones oder Tablet-PCs).

ASIDAS-Formel

Die ASIDAS-Formel ist eine Weiterentwicklung der AIDA-Formel und stellt ein Stufenmodell der Kommunikationswirkung im Online-Umfeld dar, bei dem die Stufen **A**ttention, **S**earch (insb. über Suchmaschinen), **I**nterest, **D**esire, **A**ction und **S**hare (etwa in den sozialen Medien) unterschieden werden.

Backlink

Backlinks sind Links von Websites anderer Unternehmen oder bspw. von Blogs zum eigenen Online-Angebot, also der eigenen Corporate Website.

Banner (auch Werbebanner)

Banner bezeichnen eine Vielzahl verschiedener Werbeform der Online-Werbung, welche auf unterschiedlichste Weise in Websites eingebunden werden. Diese Einbindung kann durch die Einbettung des Banners in das Layout oder durch eine (zeitlich befristete) Überlagerung der Site durch ein Banner erfolgen. Dieser verweist als Hyperlink auf das werbende Unternehmen und wird durch Anklicken aktiviert.

Behavioral Targeting

Behavioral Targeting bezeichnet eine Targeting-Methode, die auf Analysen des Surf- und Suchverhaltens von Online-Nutzern in der Vergangenheit beruht. Das Behavioral Targeting unterscheidet Zielgruppen danach, in welchen Content-Umfeldern (bspw. Fotoportalen, Hotelsites) eine Person online „unterwegs" ist, um diese dann mit Inhalten zu versorgen (bspw. Werbelinks, Banner), die den in der Vergangenheit präferierten Inhalten entsprechen.

Benefit

Unter Benefit wird der Nutzen eines Produktes oder einer Dienstleistung verstanden, den ein Kunde durch den Kauf bzw. die Nutzung eines Produktes oder den Erwerb bzw. die Inanspruchnahme einer Dienstleistung erhält.

Bestellquote

Die Bestellquote ist eine spezifische Ausprägung der Conversion Rate und beschreibt den prozentualen Anteil von Bestellungen, bspw. als Reaktion auf eine E-Mail oder ein Mailing, im Verhältnis zu der Versandmenge.

Billboard-Ad

Das Billboard-Ad ist ein Werbebanner mit einer Größe von 800 × 250 Pixeln und bietet eine großflächige Werbemöglichkeit innerhalb des Website-Contents unterhalb der Navigation. Der Banner erstreckt sich über die gesamte Breite des Website-Contents und ist damit besonders aufmerksamkeitsstark.

Blickregistrierung (auch Eyetracking)

Bei der Blickregistrierung handelt es sich um eine Methode der Marketing-Forschung, durch die die Augenbewegungen bei der Betrachtung einer Vorlage (einer E-Mail, eines Mailings, einer Anzeige oder einer Website) erfasst werden, um den Prozess der Informationsaufnahme für die Optimierung der Informationsbereitstellung zu analysieren.

Blickverlauf

Der durch bestimmte Aufmerksamkeitserreger bzw. Signale definierte Weg eines Betrachters beim Betrachten (Scannen und Lesen) eines Werbemittels, einer Website etc.

Blog (auch Weblog)
Beim Begriff Weblog oder abgekürzt Blog handelt es sich um ein Kunstwort aus
Web und Log(buch). Mit Weblog wird ein Internetnotizbuch bzw. ein Internettage-
buch beschrieben, auf dem Privatpersonen oder Unternehmen zu den verschiedens-
ten Fragestellungen berichten. Blogs basieren auf einer einfach zu bedienenden
Software, die es auch ungelernten Nutzern ermöglicht, eigene Beiträge schnell und
ohne Kosten online zu publizieren. Die als Blogposts oder Posts bezeichneten Inhalte werden von den sogenannten Bloggern erstellt und verwaltet.

Bounce
Bounces beschreiben die Unzustellbarkeit von E-Mails, welche durch die Erstel-
lung von Mitteilungen des entsprechenden Mail-Servers an die Versandadresse
verschickt und somit für den Versender sichtbar werden (Bounce-Message oder
Non Delivery Notification, NDN). Da die Unzustellbarkeit verschiedene Ursachen
haben kann, wird zwischen Hard- und Softbounces unterschieden. Hardbounces
entstehen durch permanente Fehler, weil die E-Mail-Adresse des Empfängers nicht
mehr existiert. Von Softbounces wird gesprochen, wenn der Unzustellbarkeit tem-
poräre Ursachen zugrunde liegen, weil das Postfach überfüllt ist oder eine Urlaubs-
benachrichtigung vorliegt.

Bounce-Management
Das Bounce-Management umfasst den Umgang mit verschiedenen Arten von
Bounces mit dem Ziel, die Anzahl der festgestellten Bounces zu verringern, um
eine möglichst große Werbewirkung zu erzielen.

Bounce Rate (auch Absprungrate)
Bezogen auf Websites beziffert die Bounce Rate den prozentualen Anteil der Besucher, der eine Website nach einer kurzen Zeitspanne (bspw. ein bis zwei Sekunden)
wieder verlässt, ohne eine Handlung auf der Website vollzogen zu haben. Der Begriff „to bounce" bedeutet „abprallen".
   In der E-Mail-Kommunikation bezeichnet die Bounce Rate den Anteil der nicht
zustellbaren E-Mails in Relation zur gesamten Versandmenge. Hier wird zwischen
Hard- und Softbounces unterschieden (vgl. Bounce).

Brand-Ambassador (auch Markenbotschafter)
Ein Brand-Ambassador ist ein oft leidenschaftlicher Befürworter einer Marke, der
diese in seinem privaten und/oder geschäftlichen Umfeld positiv herausstellt.
Markenbotschafter können die eigenen Mitarbeiter, Kunden und/oder andere Personen (bspw. Blogger) sein. Wenn bekannte Persönlichkeiten dafür bezahlt wer-

den, sich positiv zu eigenen Angeboten zu äußern, werden diese i. d. R. als Testimonials bzw. als Influencer bezeichnet. Besonders wichtig sind solche Markenbotschafter dann, wenn diese zusätzlich eine Meinungsführerfunktionen einnehmen und über eine große Reichweite verfügen, um so einen großen Einfluss auf die Kaufentscheidungen anderer auszuüben.

Brand-Building (auch Markenaufbau, Branding)

Branding ist der strategische Prozess der Entwicklung, Gestaltung und Kommunikation einer einzigartigen Markenidentität, um bei Zielgruppen eine positive Wahrnehmung und emotionale Bindung zu schaffen, die das Unternehmen oder Produkt von Wettbewerbern differenziert und langfristigen Geschäftserfolg fördert. Branding bezeichnet den Prozess zur Kreation einer Marke, in deren Verlauf u. a. die Kennzeichnung der Marke (anhand von Marken- oder Wortzeichen) und deren inhaltliche Ausgestaltung erfolgen. Ziel des Brandings ist die Erreichung einer Unterscheidbarkeit und damit der Differenzierung des eigenen Angebots im Wettbewerbsumfeld. Der Aufbau einer Marke verlangt zunächst die Definition der angestrebten Markenidentität, durch die Beantwortung der Frage, wofür eine Marke steht. Im weiteren Verlauf des Markenaufbaus sind Markenbausteine, wie z. B. Logo, Slogan, Farben und Tonalität, zu entwickeln. Durch die integrierte Gesamtheit der einzelnen Markenbausteine soll eine überzeugende Markenidentität kreiert werden, die durch den Einsatz von Kommunikationsmaßnahmen nach innen und außen transportiert wird. Durch die Kunden soll die Marke als wichtiges Kaufentscheidungskriterium wahrgenommen werden.

Break-Even Point

Im Break-Even Point kreuzen sich die Umsatz- und Gesamtkostenkurve eines Produktes oder eines anderen Leistungsangebotes. An diesem Punkt wird weder ein Gewinn noch ein Verlust erwirtschaftet. Ab der durch den Break-Even Point gekennzeichneten Menge übersteigt der erzielte Umsatz die Kosten, sodass das Unternehmen einen Gewinn erzielt.

Briefing

Das Briefing ist die schriftliche oder mündliche Beschreibung des Ziels sowie der zur Zielerreichung relevanten Rahmenbedingungen durch einen Auftraggeber. Dieses Briefing kann sich auf die Entwicklung einer Kommunikationskampagne, den Aufbau einer Auslandsniederlassung oder die Entwicklung eines neuen Produktes bzw. einer Dienstleistung beziehen. Briefings können auch durch Vorstände oder Geschäftsführer wie auch durch andere Führungskräfte als Zielvorgabe i. S. eines Auftrags an ihre Mitarbeiter eingesetzt werden. Ein Briefing enthält

i. d. R. in komprimierter Form Informationen über den angestrebten Zielzustand, verfügbare Ressourcen (Zeit, Budget, Mitarbeiter) sowie weitere relevante Informationen (bspw. hinsichtlich der Wettbewerberaktivitäten). Im Englischen hat „brief" die Bedeutung von „kurz" – und kurz und prägnant sollen auch die hier angesprochenen Zielvorgaben sein.

Browser (auch Web-Browser)
Der Begriff Browser lässt sich im Deutschen mit „Suchprogramm" übersetzen und leitet sich von dem englischen Verb „to browse" für „stöbern" ab. Als Web-Browser bezeichnet man Programme, die das Aufrufen und Darstellen von Internet-Websites und anderen Anwendungen des Webs ermöglichen. Deshalb stellen Browser die Grundlage für die Benutzung des Internets dar.

Business-to-Business (B-to-B auch B2B)
Business-to-Business ist die Bezeichnung für einen Markt, auf dem sich die Nachfrage von Unternehmen mit dem Angebot von anderen Unternehmen trifft.

Business-to-Consumer (B-to-C auch B2C)
Business-to-Consumer ist die Bezeichnung für einen Markt, auf dem sich die Nachfrage von Konsumenten mit dem Angebot von Unternehmen trifft.

Button
Als Button bezeichnet man eine visuelle (knopfähnliche) Darstellung auf einer Website, welche durch einen Klick eine definierte Funktion auslöst.

Call-to-Action (CTA, auch Handlungsappell, Handlungsaufforderung)
Die Aufforderung an Nutzer, bestimmte Handlungen vorzunehmen, wird insb. im Online-Kontext Call-to-Action genannt. Diese Handlungsaufforderung sollte möglichst präzise formuliert sein, um dem Nutzer eine konkrete Orientierungshilfe zu geben, wie „Hier bestellen!" oder „Hier Coupon einlösen!".

Change-Management (auch Veränderungsmanagement)
Change-Management umfasst die planvolle Umgestaltung der Aufbau- und/oder Ablauforganisation eines Unternehmens, um die Zielerreichung und/oder die Umsetzung einer veränderten Strategie bzw. eines neuen Geschäftsmodells zu unterstützen (Motto „Structure follows strategy"). Ein Change-Management kann auch dann erforderlich werden, wenn sich Rahmenbedingungen für ein Unternehmen aufgrund von neuen Wettbewerbern, neuen Technologien etc. verändert haben.

Channel

Als Channel werden in der Marketing-Terminologie die Kommunikations- bzw. Distributionskanäle bezeichnet.

Channel (Kanal) werden auch die Accounts bzw. die Benutzerkonten (etwa bei *YouTube*) genannt. Hier unterscheidet man User-Channels als einfachste Form von Brand-Channels und Custom-Brand-Channels als exklusivere Formen des Markenauftrittes.

Bei der Online-Werbung kann die Auslieferung in Channels gebucht werden. Diese Channel bezeichnen spezifische genre-, angebots- und/oder zielgruppenorientierte Zusammenfassungen von Websites.

Churn-Management

Churn ist ein Kunstwort, das sich aus „Change" und „Turn" zusammensetzt. Es bezeichnet den Vorgang, durch den ein Unternehmen versucht, einen Kunden wieder „umzudrehen", damit dieser seine Kündigung zurückzieht.

Click-Rate (auch Klick-Rate)

Die Click-Rate gibt im Online-Marketing an, wie viele Nutzer auf einen präsentierten Link geklickt haben. Solche Links können Teil der E-Mail-Kommunikation sein oder Bestandteil von Werbe-Bannern.

Click Through Rate (CTR)

Bei der Online-Kommunikation bezeichnet die Click Through Rate den prozentualen Anteil der Nutzer, die einen Link angeklickt haben – in Relation zur Gesamtzahl derer, die diesen gesehen haben.

Click to Open Rate (CTOR)

Die Click to Open Rate ermittelt als Kennzahl der E-Mail-Kommunikation, wie viel Prozent der Personen, die eine E-Mail geöffnet haben, auch einen Link angeklickt haben.

Cloaking

Beim Cloaking wird dem Crawler der Suchmaschine unter derselben URL eine andere Site bzw. ein anderer Inhalt als dem „normalen" Besucher präsentiert. Diese zweite Site wird allein auf die Anforderungen des Crawlers optimiert (bspw. mit einer extrem hohen Suchwortdichte). Diese Methode widerspricht den Vorgaben der Suchmaschinenbetreiber und sollte deshalb unterlassen werden.

Closed-Loop-Ansatz

Unter einem Closed-Loop-Ansatz ist ein geschlossener Kreislauf zu verstehen. Dieser beginnt mit der Definition der zu erreichenden Ziele. Von diesen werden Maßnahmen zur Zielerreichung abgeleitet, deren Einsatz zu bestimmten Ergebnissen führt. Diese wiederum sind zu analysieren, um Optimierungsmöglichkeiten zu erkennen. Die hier gewonnenen Erkenntnisse können zur Anpassung der Ziele und zum Einsatz von optimierten Maßnahmen führen. Dieser geschlossene Kreislauf liefert einen unverzichtbaren Beitrag für eine lernende Organisation.

Community

Vgl. Online-Community.

Confirmed Opt-in

Das Confirmed Opt-in ist ein Konzept zur Erlangung von Permissions (i. S. von Erlaubnissen zur Kontaktaufnahme per E-Mail, Telefon oder Fax) im Internet. Bei dieser erhält der Interessent nach seiner Interessensbekundung eine Bestätigung, dass die Permission eingegangen ist. Für Beweiszwecke reicht diese Form der Opt-in-Generierung nicht aus.

Contacts per Order (ConPO)

Diese Erfolgskennzahl ermittelt, wie viele Kontakte zwischen einer Zielperson und einem Unternehmen notwendig waren, um diese zum Kunden zu entwickeln.

Content-Marketing

Content kommt aus dem Englischen und bedeutet „Inhalt". Unter Content-Marketing wird eine Ausrichtung des Marketings – und hier insb. der Kommunikation – verstanden, bei der für bestimmte Zielgruppen relevante und damit werthaltige Inhalte geschaffen, bereitgestellt und/oder distribuiert werden. Diese Aktivitäten werden mit dem Ziel eingeleitet, bestimmte Zielgruppen zu gewinnen, zu binden oder zu einer bestimmten Art des Engagements zu motivieren, um auf diese Weise übergeordnete Marketing-Ziele zu erreichen.

Controlling

Controlling leitet sich vom englischen Begriff „to control" ab, der für Kontrolle, aber auch für Kontrollieren und Regulieren steht. Im Unternehmensumfeld wird Controlling als umfassendes Steuerungs- und Koordinationskonzept verstanden, welches die Geschäftsführung oder die Leiter einzelner Unternehmensbereiche und Abteilungen bei ihrer Arbeit durch die Bereitstellung von Informationen, Instrumenten, Prozessen und Systemen unterstützt.

Conversion (auch Konversion oder Umwandlung)
Die meisten Unternehmen verfolgen mit ihren Websites konkrete Ziele: Sie möchten, dass Nutzer bestimmte Handlungen vornehmen, die als Conversions bezeichnet werden. Conversion ist ein Sammelbegriff, der zum Ausdruck bringt, dass eine Person in der Beziehung zu einem Unternehmen durch die Vornahme bestimmter Handlungen eine andere Stufe erreicht hat. Es stellt also den Übergang von einer Stufe zu einer anderen dar, wobei dieser durch ganz verschiedene Handlungen, Transaktionen oder Aktionen zustande kommen kann. Beispielsweise liegt ein Übergang von einem anonymen Website-Besucher zu einem Interessenten vor, wenn dieser seine E-Mail-Adresse hinterlassen hat. Eine weitere Conversion liegt vor, wenn ein Interessent einen Kauf getätigt hat.

Conversion Rate
Die Conversion Rate bringt zum Ausdruck, wie viel Prozent der Besucher einer Website eine gewünschte Handlung vorgenommen haben.

Cookies
Cookies sind kleine Dateien, die vom Webserver zur Identifikation des Endgeräts auf dessen lokalem Speicher abgelegt werden. Im weiteren Nutzungsprozess auf anderen Websites oder bei Folgebesuchen zu einem späteren Zeitpunkt können diese Dateien abgefragt und der Rechner kann damit eindeutig identifiziert werden. Hierdurch kann allerdings keine Personalisierung erfolgen, wenn im Rahmen des Dialogs solche Information nicht erhoben wurden. Streng genommen kommuniziert ein Anbieter folglich nur mit einem bestimmten Endgerät, auf das ggf. sogar verschiedene Nutzer zugreifen.

Corporate Social Responsibility (CSR)
Unter Corporate Social Responsibility ist die von den Unternehmen wahrgenommene soziale Verantwortung zu verstehen, die den freiwilligen, von Unternehmen übernommenen Beitrag zu einem nachhaltigen Wirtschaften beschreibt, der über die bloße Orientierung an den gesetzlichen Vorschriften hinausgeht.

Corporate Publishing
Corporate Publishing bezeichnet eine journalistisch aufbereitete, häufig periodisch erscheinende Form der Unternehmenskommunikation, die durch eigene Medien erfolgt. Neben Kunden- und Mitgliedermagazinen zählen auch Zeitschriften dazu, die sich an die im Vertrieb eingebundenen Händler oder an Investoren richten.

Corporate Website

Die Corporate Website eines Unternehmens ist der offizielle Online-Auftritt eines Unternehmens. Die Homepage des Online-Auftritts stellt als Einstiegsseite gleichsam die virtuelle Eingangstür zu einem Unternehmen dar und wird damit zur tragenden Säule des Online-Marketings. Die Corporate Website umfasst die Gesamtheit der Inhalte eines Unternehmens, die unter einer URL präsentiert werden. Im Mittelpunkt einer Corporate Website können das Unternehmen selbst, seine Produkte, seine Services und die jeweiligen Marken stehen. Außerdem können hier die Verlinkungen zu den Aktivitäten des Unternehmens in den sozialen Medien, so zu *Facebook, Pinterest, X,* aber auch zu Blogs, Social Bookmarks und Online-Communitys kommuniziert werden.

Cost per Action (CPA)

Bei diesem Abrechnungsmodell muss der Werbende einen definierten Preis an den Werbepartner bezahlen, wenn die Zielperson ein bestimmtes Verhalten gezeigt hat. Cost per Action (CPA) ist damit ein übergreifender, eher unpräziser Begriff, welcher unterschiedliche Aktionen des Nutzers als Vergütungsvoraussetzung definiert.

Cost per Click (CPC)/Pay per Click (PPC)

Bei diesem Preismodell muss der Werbetreibende dem Werbepartner pro erzielten Klick (korrespondierend mit dem Seitenaufruf) eines Nutzers auf ein Online-Werbemittel einen bestimmten Betrag zahlen.

Cost per Click out

Bei diesem Abrechnungsmodell wird eine Provision für den Werbepartner erst dann fällig, wenn der Nutzer auf der Site des Anbieters auf ein dort eingebundenes Werbemittel – oft eines Drittanbieters – klickt. Die Hürde für eine Vergütung ist hier deutlich höher, weil der Klick auf ein Werbemittel auf der Website des Werbepartners noch nicht zur Auslösung der Zahlung einer Provision ausreicht.

Cost per Conversion, auch Cost per Acquisition (CPA)

Bei diesem Abrechnungsmodell muss der Werbende einen definierten Preis an den Werbepartner bezahlen, wenn eine Person als Kunde gewonnen und damit akquiriert wurde.

Cost per Coupon (CPCoup)

Mit Hilfe der Kennzahl Cost per Coupon können die Kosten pro distribuierten Coupon ausgewiesen werden. Hierzu werden die Gesamtkosten einer Couponing-Aktion durch die Anzahl der ausgegebenen Coupons geteilt.

Cost per Install

Bei diesem Abrechnungsmodell wird eine Provision für den Werbepartner erst fällig, wenn der Nutzer erstmalig eine Software auf seinem Computer installiert. Dies können Demo-Versionen von beworbenen Angeboten sein.

Cost per Interest (CPI)/Cost per Lead (CPL)

Bei diesem Abrechnungsmodell muss der Werbende einen bestimmten Preis bezahlen, wenn ein Interessent durch die Generierung der entsprechenden Adresse (Kontaktadresse) gewonnen wurde. Die Kosten werden vom Online-Werbepartner in Rechnung gestellt.

Mit der Kennzahl Cost per Interest (CPI) bzw. Cost per Lead (CPL) werden auch die Gesamtkosten der Interessengewinnung eines Unternehmens transparent gemacht, um diese für verschiedene Gewinnungsmaßnahmen miteinander zu vergleichen. Zu ihrer Ermittlung werden die Gesamtkosten der Interessengewinnung – also auch die Kosten für die Kreation der Werbemittel und die Bereitstellung von Incentives etc. – durch die Gesamtzahl der gewonnenen Interessenten dividiert.

Cost per Mille (CPM)/Tausend-Kontakt-Preis (TKP)

Der Wert Cost per Mille definiert, welchen Betrag ein Werbetreibender bezahlen muss, um 1000 Ad Impressionen für ein Online-Werbemittel zu erzielen.

Cost per Order (CPO)

Bei diesem Abrechnungsmodell muss der Werbende einen bestimmten Preis zahlen, wenn es zu einem Kaufabschluss gekommenen ist. Der entsprechende Betrag ist pro Auftrag an den Online-Werbepartner zu zahlen.

Mit der Kennzahl Cost per Order können auch die Gesamtkosten der Auftragsgewinnung eines Unternehmens transparent gemacht werden, um so verschiedene Auftragsgewinnungsmaßnahmen miteinander zu vergleichen. Zur Ermittlung dieser Größen werden die Gesamtkosten der Auftragsgewinnung – also auch die Kosten für die Kreation der Werbemittel und die Bereitstellung von Incentives etc. – durch die Gesamtzahl der gewonnenen Aufträge dividiert.

Cost per Print-out

Bei dem Abrechnungsmodell Cost per Print-out erfolgt eine Vergütung des Werbepartners dann, wenn der Nutzer die Ausgabe von werblichen Informationen über eine Print-Schnittstelle veranlasst. Dies kann bei einem Selbstbedienungsterminal in einer Bankfiliale oder einem Kaufhaus erfolgen, bei dem der Nutzer – veranlasst durch einen Werbeimpuls – Informationen ausdruckt.

Cost per Redemption (CPR)

Cost per Redemption gibt die Kosten pro eingelösten Coupon und damit pro vor-
genommenen Kaufakt an. Der Wert wird ermittelt, indem die Gesamtkosten einer
Couponing-Aktion durch die Anzahl der eingelösten Coupons dividiert werden.

Cost per Sale

Vgl. Cost per Order.

Cost per Sign-up

Teilweise kann online kein direkter Kaufabschluss erzielt werden (etwa bei größeren Anschaffungen), weil Verkaufsprozesse über mehrere Stufen laufen oder der
Kunde beim ersten Kontakt nicht kaufwillig ist. Hier stellt Cost per Sign-up ein
sinnvolles Vergütungskriterium dar. Eine Vergütung wird dem Werbepartner bezahlt, wenn der Internetnutzer seine Daten durch das Ausfüllen von Kontakt-
formularen hinterlässt. Dies kann durch das Abonnement eines E-Newsletters oder
im Zuge eines Downloads von Informationen erfolgen. Da in diesem Fall nur ein
Interessent gewonnen wird, kann auch von Cost per Lead gesprochen werden.

Cost per View (CPV)

Diese Kostengröße kommt bei Videoanzeigen zum Einsatz. Diese Größe korres-
pondiert mit dem Konzept CPC. Grundlage ist hier aber nicht ein Klick, sondern
das Ansehen eines Videos. Cost per View bezeichnet also die Kosten, die pro Video
anfallen, wenn dieses angeschaut wurde.

Coupon

Unter einem Coupon ist ein Reaktionsträger i. S. eines Berechtigungsausweises zu
verstehen, mit dem der Inhaber bestimmte Vorteile erhalten kann. Diese können
Preisvorteile oder bestimmte Services sein.

Coupon-Anzeige

Bei einer Coupon-Anzeige wird in eine Print-Anzeige als Response-Instrument ein
Coupon eingearbeitet. Dieser soll aus der Anzeige ausgelöst und als Response-
Medium genutzt werden. Durch den Einsatz eines Coupons können besonders ele-
gant weitere gewünschte Informationen abgefragt werden (neben der postalischen
oder der E-Mail-Adresse auch die Telefonnummer oder das Alter).

Coupon-Heft

In einem Coupon-Heft werden mehrere Angebote unterschiedlicher Unternehmen
in einem Heft bzw. Katalog zusammengeführt.

Couponing

Beim Couponing handelt es sich um eine Maßnahme, bei der ein Herausgeber einer ausgewählten Personengruppe einen Berechtigungsausweis (einen Coupon) zur Verfügung stellt, bei dessen Einsatz während eines definierten Zeitraums ein spezifischer Vorteil versprochen wird, wenn die Zielgruppe ein bestimmtes Verhalten zeigt.

Crawler (auch Robot oder Bot)

Crawler sind die Leseroboter der Suchmaschinen. Diese Roboter sind Computerprogramme, die (weltweit) Websites durchsuchen, für Datenbanken der Suchmaschinen indizieren und damit auffindbar machen. Sie sind somit neben Zielpersonen (Interessenten, Kunden, Lieferanten, Bewerber, Investoren etc.) die zweite wichtige Zielgruppe, die bei dem Aufbau von Online-Inhalten zu berücksichtigen ist.

Cross-Media

Cross-Media ist eine spezielle Form des Einsatzes von verschiedenen Kommunikationskanälen innerhalb einer Kampagne. Hierbei werden verschiedene Medienformen und -gattungen in kombinierter und/oder in zeitlich abgestufter Form eingesetzt und folglich miteinander verzahnt.

Cross-Sell

Cross-Sell zielt darauf ab, einen bereits gewonnenen Kunden zum Erwerb anderer Produkte oder Dienstleistungen desselben Unternehmens zu motivieren. Ein Neuwagenkäufer soll auch Finanzdienstleistungen des gleichen Anbieters (bspw. die Finanzierung) in Anspruch nehmen.

Cross-Validierung

Der Begriff Cross-Validierung beschreibt die Überprüfung der Güte der Ergebnisse eines (Analyse-)Instrumentes, eines Modells oder praktischer Erfahrungen. Die Ergebnisse können durch eine Wiederholung oder den Vergleich von Ergebnissen anderer Instrumente, Modelle oder Erfahrungen des gleichen Untersuchungsgegenstandes abgesichert oder als invalide und damit ungültig bewertet werden. Wenn dagegen verschiedene Quellen die gleichen Resultate liefern, steigt tendenziell die Verlässlichkeit dieser Daten und damit deren Validität.

Crowdsourcing

Crowdsourcing umfasst den Prozess der Kooperation (bspw. mit Kunden), um neue Service-Ideen, neue Produkte oder Dienstleistungen zu entwickeln.

Customer-Experience-Management

Durch das Customer-Experience-Management streben Unternehmen an, das „Erleben der Kunden" positiv und gleichzeitig für beide Seiten wertschöpfend zu gestalten. Dieses „Erleben" beinhaltet alle Erfahrungen, die Kunden während ihrer gesamten Beziehung mit einem Unternehmen machen. Die Customer-Experience schließt folglich alle Erlebnisse innerhalb der Customer Journey ein – über alle Customer Touchpoints hinweg.

Customer Journey

Eine Customer Journey ist die „Reise des Kunden zum Unternehmen". Diese „Reise" umfasst verschiedene Phasen, die ein Kunde durchläuft, bevor er sich – ausgehend von einem Initialkontakt – für den Kauf eines Produktes oder den Erwerb einer Dienstleistung entscheidet.

Customer Lifetime Value (CLV)

Der Customer Lifetime Value stellt die Summe der nach unterschiedlichen Kriterien ermittelten Wertbeiträge eines Kunden aggregiert über die mögliche oder angestrebte Dauer der Beziehung zu einem Unternehmen dar. Häufig kann erst anhand eines solchen CLVs darüber entschieden werden, welche Investitionen in die langfristige Bindung eines Kunden getätigt werden können. Der CLV kann für Konsumenten und Unternehmen gleichermaßen ermittelt werden.

Customer-Relationship-Management (CRM)

Beim Customer-Relationship-Management handelt es sich um einen konzeptionellen Ansatz im Marketing, der eine ganzheitliche, einzelkundenorientierte Betreuung von Zielpersonen im Rahmen des Kundenbeziehungszyklus durch integrierte Marketing-Maßnahmen anstrebt. Im Kern geht es um das zielorientierte, beidseitig wertstiftende Ausgestalten von Beziehungen zu Kunden. Die Grundlage hierfür bildet eine Datenbank, die die erforderlichen Informationen für die Schaffung von Mehrwert in der Beziehung zwischen Unternehmen und Kunden bereitstellt. Wird durch den Aufbau einer zeitlichen, räumlichen und inhaltlichen Nähe der werblichen Einflussnahme die Relevanz werblicher Botschaften für den Empfänger erhöht, spricht man von einem dreidimensionalen CRM.

Customer Service Center (auch Customer Care Center oder enger definiert Call Center)

Unter einem Customer Service Center ist eine organisatorische Einheit zu verstehen, in der die unterschiedlichsten, von Interessenten und Kunden eingehenden und zu diesen ausgehenden Kommunikationskanäle betreut werden. Hierzu zählen neben dem Telefon auch die Kommunikation über Briefe, E-Mail und Fax sowie der Austausch über Blogs, Communitys sowie über soziale Medien wie *Facebook, Instagram* und *X*.

Customer Touchpoints (CTP)

Unter Customer Touchpoints sind jegliche Berührungspunkte zwischen Interessente und Kunden einerseits und Unternehmen andererseits zu verstehen. Solche Berührungspunkte können durch das Unternehmen direkt gesteuert werden (unternehmenseigene Sphäre), oder sie entziehen sich einer direkten Einflussnahme (unternehmensfremde Sphäre). Touchpoints beeinflussen nachhaltig das Image, das ein Interessent oder Kunde von einer Marke, einem Angebot und/oder einem Unternehmen aufbaut.

Dashboard

Ein Dashboard stellt ein Steuerungs-Cockpit für Management und/oder Marketing dar, welches detaillierte Informationen über Kundengruppen oder einzelne Kunden liefert. Auf Basis solcher Informationen können individualisierte Kundenansprachen und -betreuungen durchgeführt werden.

Data Mining

Data Mining soll aus verschiedenen Datenquellen handlungsrelevante Erkenntnisse gewinnen.

Database-Marketing

Beim Database-Marketing handelt es sich um die Ausgestaltung von Marketing-Aktivitäten, die auf einer Kundendatenbank basieren. Im Mittelpunkt stehen die Gewinnung, Aufbereitung, Zusammenführung, Speicherung, Auswertung und Aktualisierung von kunden- und interessentenbezogenen Adress- und Historiendaten zum Zweck einer wertschöpfenden Interessenten- und Kundenbetreuung.

Deckungsbeitrag

Beim Deckungsbeitrag handelt es sich um den Teil des Umsatzes, der nach Abzug der dem jeweiligen Bezugsobjekt (Sortiment, Produkt, Region, Kunde, Absatzweg) direkt zurechenbaren Kosten zur Deckung aller anderen Kosten sowie zur Gewinnerzielung verbleibt.

Deep Link
Deep Links stellen eine Kategorie von Hyperlinks dar, welche sich auf Unterseiten einer Website beziehen – im Gegensatz zu Surface Links, welche einen Nutzer auf die Eingangsseite einer Website leiten.

Dematerialisierung (auch Zero Gravity)
Die Dematerialisierung beschreibt den in vielen Branchen festzustellenden Prozess der Umwandlung von analogen Informationen und physischen Produkten in digitale Formate. Hierdurch verlieren diese Objekte die durch ihre Körperlichkeit verursachten Limitierungen (die Notwendigkeit zu einem physischen Transport bei Geld, Bildern, Texten und Tönen). Hierdurch werden physische Grenzen überwunden, die bisher in vielen Geschäftsmodellen eine große Bedeutung hatten und häufig deren Grundlage darstellten.

Device
Der Begriff Device beschreibt ein Gerät. Im Online-Kontext bezieht sich der Begriff i. d. R. auf Endgeräte, wie stationäre PCs, Laptops, Smartphones oder Tablet-PCs, aber auch Smart Watches und sonstige Wearables.

Dialog-Marketing (auch Direkt-Marketing)
Das Dialog-Marketing orientiert sich an der Leitidee der marktorientierten Unternehmensführung und stellt eine Vielzahl von Instrumenten bereit, um die Umsetzung von Marketing-Strategien zu unterstützen. Die Dialog-Marketing-Instrumente zielen darauf ab, eine unmittelbare Beziehung und damit gleichsam einen Dialog mit den angesprochenen Zielpersonen zu eröffnen. Da hierzu i. d. R. „direkte" Reaktionen der Angesprochenen angestrebt werden, wird der Begriff des Direkt-Marketings und des Dialog-Marketings häufig synonym verwendet.

Dialog-Programm
Ein Dialog-Programm ist ein on- und/oder offlinegestütztes Bindungskonzept, das sich auf eine kommunikative Einbindung der Interessenten und/oder der Wunsch- und Ist-Kunden konzentriert, um diese durch regelmäßige Kommunikationsanstöße mit dem eigenen Leistungsangebot vertraut zu machen und zur Inanspruchnahme zu motivieren. Die Programme können zur Betreuung und Bindung von Interessenten wie auch zur Bindung und Weiterentwicklung bereits vorhandener Kunden eingesetzt werden. Hierbei können Online- und Offline-Maßnahmen eingesetzt werden.

Dialogwerbung (auch Direktwerbung)
Von Dialog- bzw. Direktwerbung ist zu sprechen, wenn auf eine unmittelbare Reaktion bzw. auf einen Dialog abzielende Kommunikationsinstrumente zur Erreichung werblicher Ziele eingesetzt werden.

Dienstleistung
Bei Dienstleistungen handelt es sich um nicht-gegenständliche Güter, wie die Beratung eines Unternehmens oder die Inanspruchnahme eines Friseurs.

Digital Natives
Als Digital Natives werden schwerpunktmäßig die nach 1990 Geborenen bezeichnet, die als „digitale Eingeborene" bereits mit Computer, Handy, MP3 und
Internet aufgewachsen sind und diese zu einem festen und häufig auch unverzichtbaren und selbstverständlichen Bestandteil ihres Lebens gemacht haben.

Digital Pure Player (auch Pure Player)
Als Digital Pure Player werden Unternehmen bezeichnet, die reine Online-Anbieter
sind. Dies sind also Unternehmen, welche lediglich und ursprünglich Online-
Shops betreiben und somit im stationären Handel nicht vertreten sind.

Digitaler Darwinismus
Als digitaler Darwinismus wird der harte Auswahlprozess unter den Unternehmen
bezeichnet, der durch die tiefgreifenden Veränderungen der wirtschaftlichen,
technologischen, politischen und sozialen Verhältnisse ausgelöst wird. Diesen
Auswahlprozess werden nicht zwangsläufig die großen Unternehmen überleben,
sondern diejenigen, die sich dem Wandel am besten anpassen können und diesen
zur Gewinnung eigener Wettbewerbsvorteile nutzen. Gleichzeitig schaffen die
Umbrüche auch einen idealen Nährboden für neue Geschäftsmodelle, die u. a.
durch Start-ups vorangetrieben werden.

Digitalisierung
Die Digitalisierung beschreibt den gesamten Prozess der Umwandlung analoger
Informationen in ein digitales, elektronisch verarbeitbares Format. Nicht nur Daten
(bspw. Kundeninformationen) und Prozesse (wie Beratung, Verkauf, Zahlungs-
prozesse) werden zunehmend digitalisiert und damit mobil verfügbar gemacht,
sondern auch bisher überwiegend physisch bereitgestellte Produkte (CDs, Bücher,
Videos).

Direct Mail
Vgl. Mailing.

Direct Response (DR)
Der Begriff Direct Response (i. S. einer „direkten Antwort") bringt zum Ausdruck, dass der Zuschauer, Zuhörer oder Leser durch ein Kommunikationsmittel unmittelbar zur Reaktion angeregt werden soll. Eine entsprechende Handlungsaufforderung (siehe „Call-to-Action") findet sich in vielen Online- und Offline-Kommunikationsmitteln.

Direct-Response-Spot
Beim Direct-Response-Spot handelt es sich um einen Spot im Fernsehen, im Kino oder im Radio, der den Zuhörer oder Zuschauer zu einer unmittelbaren Reaktion (Direct Response) motivieren soll. Hierzu erfolgt bspw. die Angabe einer Telefon- oder Faxnummer, einer E-Mail- oder einer postalischen Adresse bzw. einer Internetadresse, an die sich der Empfänger unmittelbar wenden soll. Durch diese Handlungsaufforderung wird ein TV-Spot zum DR-TV-Spot und ein Radio-Spot zum DR-Radio-Spot. Im Kino fordern entsprechende Spots oft zum Kauf von Eiscreme u. Ä. auf.

Display-Ad (auch Display-Werbung)
Display-Werbung umfasst visuelle Anzeigenformate wie Banner, Rich Media Ads oder Native Ads, die auf Websites, in Apps und auf Social-Media-Plattformen geschaltet werden, um Nutzer anzusprechen und auf Produkte, Dienstleistungen oder Marken aufmerksam zu machen. Diese Form der digitalen Werbung ermöglicht es Werbetreibenden, ihre Zielgruppen durch gezielte Platzierung, kreative Gestaltung und interaktive Elemente zu erreichen und dabei verschiedene Ziele wie Markenbekanntheit, Engagement oder Conversions zu verfolgen. Die Display-Werbung nutzt folglich die Werbeflächen auf fremden Websites, d. h. meist außerhalb der eigenen Corporate Website, um dort für eigene Angebote zu werben. Hierzu kommen die unterschiedlichsten Formen der Bannerwerbung zum Einsatz. Allerdings kann – je nach Geschäftsmodell – auch die eigene Website der Auslieferungsort von Display-Werbung sein.

Domain (auch Domain-Name oder Domain-Adresse)
Unter Domain ist der weltweit nur einmal vergebene Name einer Internetpräsenz bzw. eines Internetservers zu verstehen, unter dem diese erreicht werden kann. Sie entspricht somit der postalischen Adresse eines Unternehmens, um dieses Unternehmen im Internet zu adressieren.

Doorway Pages (auch Brückenseite)

Doorway Pages sind für die Suchmaschinen im Hinblick auf wenige Suchbegriffe optimierte und dort angemeldete Internetseiten, die als Zwischenseiten fungieren und von diesen i. d. R. automatisch auf die jeweilige Web-Präsenz verweisen. Diese Methode widerspricht den Vorgaben der Suchmaschinenbetreiber und sollte deshalb unterlassen werden.

Double Opt-in

Beim Double Opt-in – der anspruchsvollsten Art der Permission-Einholung – muss der Interessent nach der Anmeldung (bspw. für einen Newsletter) einen Bestätigungslink anklicken, um sein geäußertes Interesse ein zweites Mal dem anbietenden Unternehmen mitzuteilen. Deshalb wird von einem „doppelten" Opt-in gesprochen. Erst dann wird ein Versand von E-Mail- oder Fax-Nachrichten bzw. eine telefonische Kontaktaufnahme vorgenommen. Diese Art der Permission-Einholung ist die einzige, mit der eine ausreichende Rechtssicherheit in Deutschland verbunden ist.

Download

Beim Download werden die Daten auf das digitale Gerät (Laptop, Computer etc.) des Nutzers heruntergeladen und sind dann auch ohne Internetzugang zugreifbar.

Early Bird

„Early Bird" ist eine spezifische Ausgestaltung eines Reaktionsverstärkers, bei dem den ersten Reagierern (Einsender, Anrufer) ein spezifischer Vorteil eingeräumt wird. Diese Bezeichnung ist abgeleitet vom Sprichwort „The early bird catches the worm!".

Earned Media

Earned Media bezeichnet die Inhalte, die Unternehmen sich durch ihre Aktivitäten – im Guten wie im Schlechten – von den Online-Nutzern verdient haben. Hierbei handelt es sich um User-Generated Content in den unterschiedlichsten Ausprägungen. Hierzu gehören Beiträge in unternehmensfremden und -eigenen Blogs, Foren und Communitys. Zu Earned Media zählen auch Fan Pages, die Nutzer eigenständig entwickelt haben und unterhalten.

E-Commerce

E-Commerce (kurz für „electronic commerce") wird als elektronische Anbahnung und Abwicklung von Kaufprozessen verstanden. Diese können physische Güter (Blumen, Bekleidung), nicht physische Produkte (E-Books, Musik- oder Software-

Downloads) sowie Dienstleistungen (Hotel- oder Flugbuchungen sowie Musik- und Video-Streaming) umfassen.

Effektivität

Bei der Effektivität geht es um die Frage: „Are we doing the right things?" Bei der Effektivität wird folglich geprüft, ob eine Maßnahme oder ein Zwischenziel auf ein übergeordnetes Ziel positiv einzahlt. Damit geht es um den „Grad der Wirksamkeit" im Hinblick auf die Zielerreichung.

Effizienz

Bei der Effizienz geht es um die Frage: „Are we doing the things right?" Hier wird folglich die Input-Output-Relation betrachtet – unabhängig davon, ob das Ergebnis dieses Prozesses zur unternehmerischen Zielerreichung beiträgt. Damit ist der „Grad der Wirtschaftlichkeit" angesprochen.

Einlösequote

Die Einlösequote weist die Anzahl der Personen in Prozent aus, die aus der Gesamtzahl der Angesprochenen (bspw. bei einer Coupon-Verteilung) einen Coupon eingelöst haben.

E-Mail-Marketing (auch E-Kommunikation)

E-Mail-Marketing umfasst die systematische Übermittlung marketingbezogener Informationen per E-Mail zur Erreichung von Marketing-Zielen. Einen Schwerpunkt des E-Mail-Marketings bildet häufig das Ziel, einen direkten Handlungsimpuls auszulösen oder den Empfänger auf den eigenen Online-Auftritt zu lenken, um dort bestimmte Aktivitäten vorzunehmen. Hierzu enthalten E-Mails Links, deren Anklicken eine direkte Verbindung zu anderen online verfügbaren Angeboten des Unternehmens herstellt.

Empfängerorientierung

In der Unternehmenskommunikation spricht man von Empfängerorientierung, wenn Botschaften auf die Zielpersonen ausgerichtet werden. Inhalte werden in dem Fall so gestaltet, dass der Nutzen des beworbenen Objektes aus Sicht der Kunden in den Fokus gestellt wird. Durch eine konsequente Empfängerorientierung kann – in den Augen der Empfänger – eine höhere Relevanz der Botschaften erreicht werden.

Empfehlungsquote
Die Empfehlungsquote gibt an, wie viele der Nutzer oder Nicht-Nutzer eines Angebots ein solches weiterempfohlen haben.

E-Newsletter
Der E-Newsletter ist eine Variante des E-Mail-Marketings, die Interessenten, Kunden und andere Stakeholder regelmäßig mit Informationen versorgt und dadurch eine möglichst hohe Bindung an das Unternehmen erzielen soll.

Engagement-Rate
Die Engagement-Rate ist eine Kennzahl des E-Mail-Marketings, mit der man alle aktiv gewordenen Empfänger über alle Phasen hinweg erfasst. Solche Aktivitäten können auch getrennt in Form der Wiederbesuchsraten, Wiederkaufraten und Empfehlungsquoten ausgedrückt werden.

Im Social-Media-Marketing bezeichnet die Engagement-Rate den Prozentsatz der erreichten Personen, die sich in den sozialen Medien mit den präsentierten Inhalten auseinandergesetzt haben. Zu den Engagement-Formen zählen Likes, Shares und Comments.

E-Recruiting
E-Recruting bedeutet, dass die Prozesse der Personalgewinnung durch elektronische Netzwerke, Medien und Technologien unterstützt werden.

Erwartungsmanagement (auch Expectation-Management)
Im Zuge des Erwartungsmanagements wird konsequent versucht, die Erwartungshaltungen der Leistungspartner in einen Bereich zu steuern, dem das Unternehmen auch gerecht werden kann. Wer mehr leistet als versprochen, wird Begeisterung auslösen. Wer weniger leistet als versprochen, wird Kunden enttäuschen.

Eyetracking
Vgl. Blickregistrierung.

Fan Page
Als Fan Page werden Websites bzw. Seiten in sozialen Netzwerken (vgl. Account) bezeichnet, welche ein Thema, eine Person, eine Marke oder ein Unternehmen in den Mittelpunkt stellen, um einerseits bereits bestehende Fans direkt mit Informationen zu versorgen bzw. einzubinden und andererseits neue Fans, also bspw. Interessenten, zu gewinnen. Offizielle Fan Pages liegen nur dann vor, wenn das Unter-

nehmen, die Marke bzw. die Person selbst diese Seite erstellt hat, verwaltet und sich somit selbst präsentiert.

F-Commerce (auch Facebook-Commerce)
F-Commerce bezeichnet den direkten Abverkauf von Produkten und Dienstleistungen über *Facebook* und ist damit eine spezielle Form des Social Commerce.

Feed
Vgl. Newsfeed.

First Screen
Zunehmend werden verschiedene Kommunikationskanäle, wie stationärer Computer, Tablet-PC, Smartphone, Laptop und/oder TV parallel genutzt. Als Frist Screen wird in diesem Zusammenhang der Kommunikationskanal – also „Bildschirm" – bezeichnet, welchem die größte Aufmerksamkeit zuteil wird. Werden zwei Kommunikationskanäle gleichzeitig benutzt, wird das entsprechend andere Gerät als Second Screen bezeichnet. Werden drei Kanäle parallel genutzt, sind das Gerät mit der zweithöchsten Aufmerksamkeit des Nutzers der Second Screen und der Kanal, dem die geringste Aufmerksamkeit geschenkt wird, der Third Screen.

Fixation
Fixationen sind die Punkte, bei denen das Auge beim raschen Überfliegen (Scannen) eines Inhalts kurz pausiert und die es auch wahrnehmen kann.

Fokusgruppe
Der Begriff Fokusgruppe beschreibt einen Personenkreis, der ausgewählte Themenstellungen (Innovationsprojekte, Kommunikationsstrategien, Produkt- oder Dienstleistungsideen) im Plenum diskutiert.

Follower
Follower werden die auf verschiedenen sozialen Medien eingetragen Nutzer genannt, die einem anderen Nutzer (Personen oder Unternehmen) „folgen". Das Folgen bezieht sich auf den Erhalt von zukünftigen Nachrichten des Nutzers.

Frequency Capping
Durch Frequency Capping wird die Häufigkeit beschränkt, mit der einer Person bzw. präziser einer IP-Adresse auf einer Website oder in Werbe-Netzwerken eine gleiche oder ähnliche Werbung wiederholt gezeigt wird. Dieses Verfahren wird

beim Retargeting eingesetzt. Die Anzahl der Werbe-Anzeigen kann für einen Besucher bspw. auf vier Mal innerhalb von 24 h beschränkt werden.

Frequently Asked Questions (FAQs)

Frequently Asked Questions sind von einem Unternehmen antizipierte und bspw. auf der Unternehmensseite veröffentlichte Fragen, die etwa während eines Verkaufsprozesses aus Sicht des Kunden auftreten können.

Freundschaftswerbung

Bei der Freundschaftswerbung handelt es sich um eine Form der Kundenakquisition, bei der ein Kunde – immer häufiger allerdings auch Nichtkunden – einen Nichtkunden als Käufer gewinnt. Der Freundschaftswerber erhält i. d. R. eine Werbeprämie.

FTP

FTP steht für File Transfer Protocol und beschreibt ein Protokoll zur Übertragung von Dateien über IP-Netzwerke.

Geo-Fencing

Das Kunstwort Geo-Fencing setzt sich aus den Begriffen „geografisch" und „fence" für „Zaun" zusammen. Es handelt sich hier um einen (digitalen) Zaun, der um ein bestimmtes Objekt herum errichtet werden kann. Sobald eine Person diesen Zaun überwindet, können (permissionbasiert) bestimmte Dialog-Prozesse angestoßen werden.

Geo-Targeting (auch IP-Targeting)

Beim Geo-Targeting wird der räumliche Aufenthaltsort eines Online-Nutzers durch die Identifikation des Einwahlknotens in das Internet ermittelt. Hierdurch besteht die Möglichkeit, Location-Based Services anzubieten, die auf den jeweiligen Aufenthaltsort des Nutzers ausgerichtet sind.

Geschäftsmodell

Das Geschäftsmodell beschreibt die Funktionsweise eines Unternehmens und insb. die spezifische Art und Weise, mit der es Gewinne erwirtschaften bzw. ein ganz bestimmtes Unternehmensziel erreichen möchte.

Guerilla-Marketing
Beim Guerilla-Marketing geht es darum, durch den Einsatz unkonventioneller, kreativer und überraschender Taktiken mit geringem Budget eine möglichst hohe Aufmerksamkeit und Wirkung zu erzielen.

Hardbounce
Vgl. Bounce.

Hashtag
Um Posts zu bestimmten Begriffen und Themen für eine Schlüsselwortsuche leichter auffindbar zu machen (bspw. bei *Instagram*), sind diese durch ein vorgestelltes Hashtag (#) zu kennzeichnen.

Haushaltswerbung
Unter Haushaltswerbung (z. T. zu eng auch als Prospektverteilung gekennzeichnet) wird die Zustellung von Handzetteln, Prospekten, Katalogen und Warenproben insb. an private Haushalte verstanden. Die Zustellung kann – in eher seltenen Fällen – flächendeckend erfolgen. Viel häufiger ist dagegen ein selektiver Einsatz. Dieser konzentriert sich auf bestimmte Regionen und in diesen auf regionale Zielgebiete, die bspw. anhand von soziodemografischen oder mikrogeografischen Merkmalen hinsichtlich einer Angebotsaffinität selektiert werden.

Hidden Content
Als Hidden Content wird „versteckter Inhalt" auf Websites bezeichnet, also Text der Schriftgröße „0" oder weiße Schrift auf weißem Hintergrund. Diese Methode widerspricht den Vorgaben der Suchmaschinenbetreiber und sollte deshalb unterlassen werden.

Hosting
Das Hosting („Bewirten") oder – spezifischer ausgedrückt – das Web-Hosting beschreibt die Bereitstellung von Speicherplatz für eine Website.

HTML (auch Hypertext)
HTML steht für Hypertext Markup Language und kennzeichnet eine textbasierte Auszeichnungssprache, um Inhalte (etwa Texte, Bilder und Hyperlinks) in Dokumenten zu strukturieren. Die einzelnen Informationen werden durch Hyperlinks zwischen den als Knoten bezeichneten Wissenseinheiten verknüpft.

http
Die Abkürzung http steht für Hypertext Transfer Protocol und stellt ein Protokoll zur Übertragung von Daten über ein Netzwerk dar. Dieses Protokoll wird hauptsächlich für das Laden von Websites über einen Web-Browser eingesetzt.

Hyperlink (kurz auch Link i. S. von Verbindung, Beziehung)
Mit Hyperlink ist ein elektronischer Verweis bzw. ein Querverweis zu einer anderen online verfügbaren Ressource gemeint.

Image
Beim Image handelt es sich um die Summe aller Vorstellungen, Kenntnisse und Erfahrungen einer Person oder einer Personengruppe, die diese gegenüber einem Objekt (Unternehmen, Dienstleistung, Produkt, Marke) oder gegenüber einer Person oder Personengruppe (Schauspieler, Band, Orchester) aufweist. Das Image wirkt in hohem Maße handlungssteuernd.

Inbound-Marketing
Inbound-Marketing bedient sich eines Pull-Ansatzes in der Kommunikation und setzt darauf, potenzielle Kunden durch die Bereitstellung relevanter Inhalte anzuziehen.

Inbound-Telefon-Marketing
Hierbei handelt es sich um das Telefon-Marketing, das sich auf die hereinkommenden Telefonate konzentriert. Es wird auch als passives Telefon-Marketing bezeichnet.

Individualisierung
Eine Individualisierung erreicht ein Anbieter, wenn Angebote auf die spezifische Bedarfssituation des Nutzers ausgerichtet werden. Die Individualisierung kann sich auf die kommunikative Ansprache (individuelle Kaufempfehlungen bei *Amazon*), aber auch auf die Angebote selbst beziehen (ein individuell erstelltes Müsli oder Parfüm).

Indizierung
Unter Indizierung wird die Aufnahme in einen Index i. S. eines Verzeichnisses verstanden, der bspw. von einer Suchmaschine angelegt wird. Diese Verzeichnisse fungieren wie Kataloge, in denen die gefundenen Informationen schnell abruf- und auswertbar sind.

Influencer

Influencer sind Personen, die durch Empfehlungen und/oder durch den Gebrauch von Produkten und die Nutzung von Dienstleistungen auf die Kaufentscheidungen anderer Personen Einfluss ausüben.

Influencer-Marketing

Zusammenarbeit von Unternehmen mit Influencern zur Bewerbung eigener Produkte oder Dienstleistungen.

Info-Box

Vgl. Knowledge Panel.

Interessenten-Management

Das Interessenten-Management hat das Ziel, Interessenten zu akquirieren, bei ihnen eine Kaufabsicht zu entwickeln und sie letztendlich zum Kaufabschluss zu bewegen.

Internet

Das Internet ist ein global verbreitetes Netzwerk. Es ist die Grundlage für die Nutzung von Internetdiensten, die einen internationalen Transfer von Daten in unterschiedlichster Form ermöglichen. Der Datentransfer erfolgt über standardisierte Internetprotokolle. Häufig werden die Begriffe „Internet" und „www" für „World Wide Web" synonym verwendet, weil das www den am meisten genutzten Internetdienst darstellt.

Internet-Community

Vgl. Online-Community.

Interstitial

Interstitial ist eine Form der Online-Werbung, die vor dem Zugriff auf die Homepage oder zwischen zwei Seiten beim Besuch einer Website als Unterbrecherwerbung eingeblendet wird. Oft belegt es das gesamte Browserfenster und verschwindet nach ein paar Sekunden, um den Zugang zu der vorgesehenen Seite zu ermöglichen.

IP

IP ist die Abkürzung für Internet Protocol. Es teilt die zu versendenden Daten in kleine Pakete und schreibt in deren Kopf die eindeutige Adresse des Empfängers.

Diese wird als **IP-Adresse** bezeichnet, welche den einzelnen Geräten, die sich in einem Netzwerk befinden, eindeutig zugewiesen wird.

IP-Targeting

Vgl. Geo-Targeting.

Kampagne, (Werbe-)

Eine Kampagne ist die Gesamtheit aller gestalteten Werbemittel und deren Einsatz in ausgewählten Medien in einem bestimmten Werbezeitraum, um bestimmte Ziele zu erreichen.

Kampagne, einstufige (auch One Shot)

Bei der einstufigen Kampagne handelt es sich um eine Akquisitionsmaßnahme, bei der versucht wird, die Zielperson zum unmittelbaren Kauf zu motivieren. Zielsetzung ist hierbei – im Gegensatz zur mehrstufigen Kampagne – nicht das Generieren von Interessenten bzw. Leads, sondern unmittelbar von Kunden. Diese Vorgehensweise wird auch „One Shot" genannt; schließlich soll hier gleichsam „ein Schuss" ausreichen, um einen Kaufabschluss zu erzielen.

Kampagne, mehrstufige

Bei der mehrstufigen Kampagne handelt es sich um eine Akquisitionsmaßnahme, bei der zunächst versucht wird, Interessenten für ein bestimmtes Angebot zu gewinnen. Erst in der zweiten oder dritten Stufe wird versucht, einen Kaufabschluss zu erzielen.

Kaufakt

Beim Kaufakt handelt es sich um den vollzogenen Kauf.

Kaufkraft

Die Kaufkraft ist der ausgabefähige Geldbetrag, den Konsumenten für Konsumzwecke zur Verfügung haben.

Kennziffern-Anzeige

Bei einer Kennziffern-Anzeige bekommt jede Anzeige eine Kennziffer, die der interessierte Leser auf einer in der Zeitschrift oder der Zeitung integrierten Leser-Servicekarte ankreuzen muss, um weitere Informationen abzurufen. So wird es dem Interessenten erleichtert, mehrere Informationspakete anzufordern. Für die anbietenden Unternehmen muss die Responseadresse nur einmal erfasst werden;

die angeforderten Informationen werden entweder zentral durch einen Dienstleister oder durch jedes Unternehmen einzeln versandt.

Key Performance Indicator (KPI)
Key Performance Indicators sind besonders wichtige Kennzahlen, die zur Erfolgsmessung einzelner Kommunikationsinstrumente oder zur Bewertung der Unternehmensleistung insgesamt herangezogen werden.

Keyword
Keywords sind die Begriffe, die ein Nutzer in die Suchmaske der Suchmaschine eingibt. Diese Keywords sind für die Website-Optimierung sowie für die Anzeige von Werbung in Suchmaschinen von Bedeutung.

Keyword Advertising
Vgl. Suchmaschinenwerbung.

Keyword-Anzeige (auch Keyword Ad, Sponsorenlinks, Sponsored Links und Textanzeigen)
Keyword-Anzeigen werden im Zuge der Suchmaschinenwerbung entwickelt und auf den Ergebnisseiten der Suchmaschinen platziert. Es handelt sich hierbei um gekaufte, i. d. R. über Gebotsverfahren vergebene Platzierungen auf diesen Ergebnisseiten.

Keyword-Stuffing
Beim Keyword-Stuffing werden die Texte der Website sowie deren Tags und Meta-Tags mit den einschlägigen Keywords „vollgestopft", um ein gutes Ranking in der organischen Trefferliste der Suchmaschine zu erzielen. Diese Methode widerspricht den Vorgaben der Suchmaschinenbetreiber und sollte deshalb unterlassen werden.

Keyword-Targeting
Keyword-Targeting bezeichnet die ganz spezifische Auslieferung von Werbung durch die Suchmaschinenanbieter in Abhängigkeit der vom Nutzer eingegebenen Suchbegriffe.

KI (Künstliche Intelligenz)
KI ist eine Technologie zur Simulation kognitiver Fähigkeiten durch Algorithmen zur Erkennung von Mustern in Daten. Generative KI umfasst Systeme, die fähig

sind, eigenständig Inhalte wie Texte, Bilder, Musik und Programmcode zu erzeugen.

KISS („Keep it short and simple")

KISS ist der zentrale Leitsatz zur einfachen Ausgestaltung bspw. der werblichen Kommunikation, um bei den Empfängern ein hohes Verständnis der Inhalte zu erreichen und um es den Empfängern gleichzeitig so einfach wie möglich zu machen, zu reagieren.

Knowledge Panel

Im Knowledge Panel (früher Info-Box) fasst *Google* die aus verschiedenen Quellen gewonnenen Informationen zusammen, um dem Suchenden ein kompaktes Trefferergebnis zu präsentieren. Dieses wird über bzw. neben den klassischen Suchergebnissen angezeigt – auf Position Zero.

Konversion

Vgl. Conversion.

Kundenbeziehungslebenszyklus

Der Kundenbeziehungslebenszyklus gliedert die Beziehung eines Kunden zu einem Unternehmen in die drei Phasen Interessenten-Management, Kunden-Management und Rückgewinnungsmanagement. Die Kommunikation des Unternehmens sollte sich an den unterschiedlichen Bedürfnissen orientieren, die mit diesen Phasen einhergehen.

Kundenbindung

Mit Kundenbindung wird das Ziel beschrieben, (werthaltige) Kundenbeziehungen möglichst langfristig aufrechtzuerhalten.

Kundenbindungsmanagement

Unter Kundenbindungsmanagement versteht man die systematische Analyse, Planung, Durchführung sowie Kontrolle sämtlicher Unternehmensaktivitäten, die auf den langfristigen Erhalt (werthaltiger) Kunden abzielen.

Kundenentwicklungsmanagement

Vgl. Kundenbindungsmanagement.

Kundenkarte

Als Kundenkarte werden die als Plastikkarte ausgestalteten Ausweise bezeichnet, die zur Kundenbindung eingesetzt werden. Hierbei handelt es sich um eine normierte Karte meist in der Größe eine Kredit- oder Giro-Karte, die verschiedene Speichermedien (Barcode, Magnetstreifen, Chip) aufweist. Hierdurch wird die Möglichkeit geschaffen, den Kunden beim Einsatz der Karte individuell zu identifizieren.

Kundenkarte, virtuelle

Bei virtuellen Kundenkarten wird keine Plastikkarte ausgegeben, sondern ein virtuelles Kundenkonto (über eine App) angeboten. Hier können auch Treuepunkte u. Ä. erfasst werden.

Kundenmagazin

Das klassische Kundenmagazin ist traditionell als Hochglanzzeitschrift oder im Zeitungsformat aufbereitet. Viele Kundenmagazine weisen heute eine Verlängerung ins Internet auf. Das Kundenmagazin wird – trotz seines Namens – im Rahmen der Interessentengewinnung auch an Nicht-Kunden versandt.

Kundenmanagement, wertorientiertes

Beim wertorientierten Kundenmanagement geht es im Kern um die Entwicklung von Konzepten zur Auswahl und Bearbeitung profitabler Kundenbeziehungen. Die Maßnahmen des Kundenmanagements orientieren sich hierbei an den jeweiligen Kundenwerten. Die Aufgaben eines wertorientierten Kundenmanagements sind die Selektion, der Aufbau, die Gestaltung, die Erhaltung und auch die Beendigung von Geschäftsbeziehungen zu einzelnen Kunden oder Kundengruppen – orientiert an den jeweils erwirtschafteten Wertbeiträgen.

Kundenwert

Der Kundenwert dient als Maßstab für die Beurteilung der Werthaltigkeit einer Kundenbeziehung aus Unternehmenssicht. Zur Ermittlung des Kundenwertes können monetäre und nicht-monetäre Kriterien herangezogen werden.

Landingpage

Die Landingpage ist die Seite, auf der man durch das Anklicken einer Anzeige oder eines Hyperlinks im Zuge von Marketing-Kampagnen „landet". Landingpages werden häufig im Rahmen einer Kampagne speziell beworben, um den Einstieg des Nutzers in eine Website zu erleichtern. Die Landingpage sollte idealerweise alle Informationen enthalten, die für einen erfolgreichen Abschluss der Customer Journey erforderlich sind.

Lead

Ein Interessent, der seine Kontaktdaten angegeben sowie die Permission zur Kontaktaufnahme erteilt hat.

Lead Management

Lead Management umfasst alle Aktivitäten und Systeme, die dazu dienen, den Kontakt zu Leads zu initiieren, zu pflegen und in Umsatz umzuwandeln.

Lead Generation

Akquisition neuer Leads.

Lead Scoring

Beim Lead Scoring werden die Daten von erfolgreichen und nicht erfolgreichen Leads i. S. von Interessenten-Adressen analysiert, um die Leads mit der höchsten Abschlusswahrscheinlichkeit und/oder den höchsten zu erwartenden Kundenwerten zu ermitteln, um diese dann gezielt weiter anzusprechen.

Lead Nurturing

Pflege und Weiterentwicklung von Leads.

Lead Routing

Beim Lead Routing werden Leads unternehmensintern von Marketing an Vertrieb weitergegeben, sobald sie einen vorab definierten Score erreicht haben.

Lead Controlling

Kontrolle der Conversion Rates innerhalb des Lead-Management-Prozesses.

Link

Vgl. Hyperlink.

Location-Based Services (LBS)

Mit dem Begriff Location-Based Services (auch standortbezogene Dienste) werden alle kommunikativen Maßnahmen und Dienstleistungen bezeichnet, die ein Unternehmen auf den räumlichen Aufenthaltsort der Zielpersonen zuschneidet und über mobile Endgeräte ausspielt. Hierdurch soll eine höhere Relevanz erreicht werden.

Log-in
Beim Log-in handelt es sich um die Anmeldung eines Nutzers bei einem speziellen
Dienst bzw. einem speziellen Anbieter. Hierzu muss zumeist eine Kombination von
Kundennummer, Benutzername und/oder E-Mail-Adresse in Verbindung mit
einem Pass- oder Kennwort eingegeben werden. Durch ein Log-in kann eine Per-
sonalisierung oder auch Individualisierung der Website-Inhalte erreicht werden.

Mailing (auch Direct Mail, Werbebrief, White Mail)
Beim Mailing handelt es sich klassisch um eine papiergestützte werbliche Ansprache von Zielpersonen auf postalischem Weg. Ein Mailing kann adressiert oder un-
adressiert versandt werden.

Marke
Eine Marke ist die Summe aller Vorstellungen, die ein Markenname oder ein
Markenzeichen bei Personen hervorruft (Marken-Image) bzw. hervorrufen soll
(Marken-Identität). Das Ziel einer Marke besteht darin, Produkte und Dienst-
leistungen eines Unternehmens von den Angeboten anderer Unternehmen zu un-
terscheiden.

Markenbotschafter
Vgl. Brand-Ambassador.

Marketing
Marketing kennzeichnet das Konzept der marktorientierten Unternehmensführung
und umfasst die Planung, Organisation, Durchführung und Kontrolle aller marktorientierten Aktivitäten. Marketing kann sowohl als Leitbild des Managements insgesamt verstanden werden als auch „nur" als eine Unternehmensfunktion, die im
Unternehmen neben Beschaffung, Produktion, Human Resources u. a. angesiedelt ist.

Marketing-Controlling
Das Marketing-Controlling ist integraler Bestandteil des Marketing-Managements
und soll die Effektivität und Effizienz einer marktorientierten Unternehmensführung sicherstellen. Es umfasst die Entwicklung und Gestaltung der organisatori-
schen Basis für die Marketing-Planung und -Kontrolle, die Bereitstellung ent-
scheidungsgerechter Planungs- und Kontroll-Instrumente, die informatorische
Unterstützung der Planungs- und Kontrollprozesse sowie deren Koordination.

Marketing-Ziel

Ein Marketing-Ziel ist ein angestrebter Zustand eines Unternehmens, der durch den Einsatz von Marketing-Strategien, die Ausgestaltung des Marketing-Diamanten, die Marketing-Exekution unter entsprechendem Einsatz von Marketing-Controlling und die Marketing-Organisation erreicht werden soll.

Mass Customization

Mass Customization beschreibt die massenhafte Bereitstellung von individuellen Angeboten, was neben den Vorteilen der Massenanfertigung für das Unternehmen gleichzeitig auch den Kundenwünschen nach Individualisierung Rechnung zu tragen versucht – und dies zu akzeptablen Kosten.

M-Commerce (auch Mobile Commerce)

M-Commerce lässt sich als geschäftliche Transaktionen unterschiedlicher Ausprägung kennzeichnen, bei der zumindest einer der Transaktionspartner im Zuge der Anbahnung und/oder Durchführung des Geschäftsprozesses ein mobiles Endgerät einsetzt.

Mediaplanung

Die Mediaplanung umfasst die zeitliche und instrumentelle Aufteilung des Kommunikationsbudgets auf die zur Verfügung stehenden Werbeträger und Werbemittel. Die Zielsetzung besteht in einer optimalen Verteilung des Kommunikationsbudgets hinsichtlich der Kommunikationsziele.

Media-Sharing-Plattform

Media-Sharing-Plattformen erlauben, Medien mit anderen zu „teilen". Beispiele für Media-Sharing-Plattformen sind *SlideShare*, *YouTube* oder *Instagram*.

Merchant

Vgl. Affiliate-Marketing.

Meta

„Meta" bedeutet „auf einer höheren Stufe stehend" bzw. „übergeordnet". So besagt der Begriff **Metadaten,** dass „Daten über Daten" bereitgestellt werden. Anhand von Metadaten kann bspw. das Telefonierverhalten oder die Intensität der Online-Nutzung beschrieben werden, ohne dass hierbei die Inhalte der Telefonate oder der besuchten Websites analysiert würden.

Die **Metaebene** selbst bezeichnet den übergeordneten Betrachtungsraum zu der im Fokus stehenden Thematik. So kann auf der Metaebene bspw. darüber gesprochen werden, wie man miteinander umgeht und welche Verbesserungen im Miteinander notwendig sein können – auch hier unabhängig von den jeweils besprochenen Inhalten.

blogging
Microblogging ist eine Form des Bloggens, bei der die Beiträge auf eine bestimmte Zeichenzahl beschränkt sind (bei *X* bspw. auf 280 Zeichen).

Microsite
Die Microsite ist thematisch wie formal ein eigenständiger kleiner Online-Aufritt, welcher i. d. R. nur über wenige Unterseiten und eine nur geringe Navigationstiefe innerhalb eines größeren Online-Auftrittes verfügt. Die Microsites weisen eine gewisse Unabhängigkeit von der übergeordneten Website auf und dienen häufig zeitlich begrenzten Werbeaktionen für ein Produkt oder eine Dienstleistung.

Mobile-Marketing
Unter Mobile-Marketing fallen alle kommunikativen Maßnahmen, die ein Unternehmen unter Einsatz der telefonischen Kontaktaufnahme über mobile Endgeräte initiiert, um damit das Kundenverhalten zu beeinflussen. Wenn die Informationen oder Dienstleistungen exakt auf den räumlichen Aufenthaltsort der Zielpersonen zugeschnitten sind, wird auch von Location-Based Services gesprochen.

Mockup
Ein Mockup ist ein Vorführmodell bzw. eine Attrappe, um das Design oder Funktionen eines Produktes oder einer Dienstleistung zu demonstrieren. Hierdurch wird es möglich, eine Innovation zu testen, bevor eine fertige Lösung vorliegt.

Monitoring
Monitoring steht für das unmittelbare und systematische Beobachten, Erfassen und Überwachen von laufenden Prozessen und Entwicklungen. Zielsetzung des Monitorings ist es, aufgrund der gewonnenen Erkenntnisse in den laufenden Prozess steuernd einzugreifen.

More-Sell
More-Sell zielt darauf ab, einen bereits gewonnenen Kunden zum wiederholten Erwerb der gleichen Produkte oder Dienstleistungen desselben Unternehmens zu motivieren.

Multi-Channel
Als Multi-Channel wird der parallele, häufig unabhängig voneinander stattfindende
Einsatz von mehreren Kanälen bezeichnet.

Multisensorisches Marketing
Beim multisensorischen Marketing erfolgt eine Ansprache der Zielgruppen auf
verschiedenen Sinneskanälen gleichzeitig.

Multitasking
Unter Multitasking ist die zeitgleiche Erledigung verschiedener Aufgaben zu
verstehen.

Nachfrage
Nachfrage bezeichnet das kaufkraftgestützte Streben nach dem Erwerb bestimmter
Wirtschaftsgüter; das bedeutet, dass eine Person, die ein Produkt oder eine Dienst-
leistung nachfragt, auch über die notwendige Kaufkraft zum Erwerb verfügt.

Narratives Marketing
Vgl. Storytelling.

Netto-Reichweite
Vgl. Reichweite.

Neukundenakquisition
Unter Neukundenakquisition sind alle Maßnahmen zu verstehen, die ein Unternehmen einsetzt, um erstmalig Personen oder Unternehmen für den Einstieg in die
kaufende Beziehung zum eigenen Unternehmen zu motivieren.

Newsfeed (auch Feed)
Über Newsfeeds stellen Unternehmen den Nutzern online fortlaufend Informationen über Neuigkeiten aller Art bereit. Interessierte Nutzer können solche Feeds
abonnieren, um über die neuesten Entwicklungen informiert zu werden, ohne die
entsprechenden Seiten selbst aufsuchen zu müssen.

Noline
Unter „noline" versteht man den Ansatz, dass alle Online- und Offline-Aktivitäten
in einem integrierten Vorgehen erarbeitet und hierdurch die Unterscheidung zwischen „online" und „offline" überwunden wird. Auf diese Weise soll den vielfach
vorherrschenden Kundenerwartungen besser Rechnung getragen werden.

Nutzen
Vgl. Benefit.

Öffnungsrate
Um die Öffnungsrate (bspw. bei E-Mails) zu ermitteln, ist die Gesamtzahl der Öff-nungen in Relation zur Zustellungsmenge in Prozent zu ermitteln. Erfolgt bei 1000 zugestellten E-Mails 600 Mal eine Öffnung, so ergibt sich eine Öffnungsrate von 60 %.

Off-Site-Optimierung (auch Off-Site-Suchmaschinenoptimierung)
Die Off-Site-Optimierung ist eine von zwei grundlegenden Maßnahmen der Such-maschinenoptimierung. Zur Off-Site-Optimierung gehören alle Maßnahmen zur Verbesserung der Platzierung in den Suchergebnissen, die auf Websites Dritter durchgeführt werden.

One Shot
Vgl. Kampagne, einstufige.

One-to-Many
Bei One-to-Many handelt es sich um einen Modus der Marktkommunikation, bei dem ein Kommunikator (bspw. ein Unternehmen) eine Botschaft – nach Markt-segmenten differenziert – aussendet. Die einem Segment zuzurechnenden Perso-nen werden folglich in gleicher Weise angesprochen. Unterschiede gibt es dagegen zwischen den Ansprachen verschiedener Segmente.

One-to-Mass
Bei One-to-Mass handelt es sich um einen Modus der Marktkommunikation, bei dem ein Kommunikator (bspw. ein Unternehmen) eine Botschaft undifferenziert an die Allgemeinheit (die „Masse") aussendet.

One-to-One
Bei One-to-One handelt es sich um einen Modus der Marktkommunikation, bei dem ein Kommunikator (bspw. ein Unternehmen) eine Botschaft hoch personali-siert und ggf. auch individualisiert genau auf eine Zielperson ausrichtet.

Online-Community (auch Online-Gemeinschaft)
Unter einer Online-Community ist eine Online-Plattform zu verstehen, die eine Interaktion zwischen den Nutzern erlaubt und darüber hinaus die Möglichkeit vor-sieht, dass Nutzer durch eigene Texte, Bilder und/oder Videos einen Beitrag zur

Gestaltung des Community-Auftritts leisten. Darüber hinaus können i. d. R. auch Beiträge anderer Mitglieder der Community genutzt, kommentiert und/oder verändert werden.

Online-Gemeinschaft
Vgl. Online-Community.

Online-Kommunikation
Online-Kommunikation beschreibt die kommunikationspolitischen Aktivitäten eines Unternehmens, welche durch Online-Medien unterstützt werden.

Online-Marketing (auch Internet- oder Web-Marketing)
Online-Marketing umfasst die Planung, Organisation, Durchführung und Kontrolle aller marktorientierten Aktivitäten mit Hilfe des Internets.

Online-Werbung
Unter dem Begriff Online-Werbung werden alle Werbemaßnahmen zusammengefasst, welche über das Internet erfolgen.

On-Site-Optimierung (auch On-Site-Suchmaschinenoptimierung)
Die On-Site-Optimierung ist eine von zwei grundlegenden Maßnahmen der Suchmaschinenoptimierung. Die On-Site-Optimierung umfasst alle Maßnahmen, die auf der Website selbst vorgenommen werden, deren Position in der organischen Trefferliste der Suchmaschine optimiert werden soll. Dazu zählen u. a. eine – aus der Sicht der Crawler – leserfreundliche Gestaltung und Strukturierung relevanter und damit aktueller Inhalte.

Open Source
Open Source bedeutet „quelloffen" in dem Sinne, dass der Quelltext der eingesetzten Software öffentlich zugänglich und für dessen Nutzung nichts zu bezahlen ist.

Opt-in
Unter Opt-in versteht man ein Verfahren, bei dem der Nutzer Werbekontaktaufnahmen (durch E-Mail, Fax und Telefon) und/oder den Zugriff auf die Kontakte, die Kamera, die Fotos, den Kalender, den Standort etc. durch Unternehmen im Vorfeld explizit erlauben muss.

Outbound-Marketing

Outbound-Marketing bezeichnet einen Push-Ansatz in der Kommunikation: Unternehmen versuchen, mittels Unterbrecherwerbung wie Display Ads, TV-, Radiooder Kinospots Transaktionen zu generieren.

Outbound-Telefon-Marketing

Beim Outbound-Telefon-Marketing handelt es sich um Telefonate, die vom Unternehmen selbst initiiert werden, etwa um neue Kunden zu gewinnen. Hier wird auch vom aktiven Telefon-Marketing gesprochen.

Owned Media

Kommunikationskanäle, die direkt und ausschließlich vom Unternehmen bespielt werden, bezeichnet man als Owned Media. Hierzu gehören die Corporate Website, ein Corporate Blog oder eine Social-Media-Präsenz. Die Verantwortung für die Ausgestaltung dieser Kanäle liegt bei den Unternehmen selbst.

Page Rank

Der *Page Rank* ist eine von *Google* entwickelte Maßeinheit der Link-Popularity eines Web-Dokuments. Es handelt sich um einen Algorithmus, der Websites aufgrund der Anzahl und Stärke ihrer eingehenden Links (auch Backlinks genannt) bewertet. Die Zahl der Backlinks zeigt der Suchmaschine, als wie beliebt bzw. relevant eine Website eingestuft wird. Gleichzeitig steigt mit der Anzahl der Backlinks auch die Wahrscheinlichkeit, dass die Website aufgrund ihrer Verlinkung gefunden wird.

Paid Media

Paid Media bezeichnet Medialeistungen, die Unternehmen bei Drittpartnern einkaufen, um ihre Angebote zu bewerben. Hierzu zählen Werbe-Banner, Keyword-Anzeigen und Paid Posts.

Paketbeilagen

Paketbeilagen sind Anschreiben, Kataloge, Produktproben, Gutscheine oder spezielle Angebote, die als Beilagen in Aussendungen anderer Unternehmen an Interessenten und/oder Kunden versandt werden.

Pareto-Prinzip/Pareto-Effekt (auch 80:20-Regel)

Diese Regel basiert auf der Erkenntnis, dass es in allen Lebensbereichen Konzentrationseffekte gibt, die es zu erkennen gilt. So werden oft mit nur 20 % der Kunden bereits 80 % des Umsatzes eines Unternehmens erwirtschaftet. Oder 20 %

aller Produkte oder Dienstleistungen eines Unternehmens erzielen 80 % des Umsatzes oder 80 % des Gewinns. Entscheidend ist nicht, ob jeweils die Relation „20:80" erzielt wird, sondern dass insgesamt deutlich wird, dass in den meisten Fällen keine Gleichverteilung vorliegt.

Pay per Action
Vgl. Cost per Action.

Pay per Click (PPC)
Vgl. Cost per Click.

Pay per Click out
Vgl. Cost per Click out.

Pay per Install
Vgl. Cost per Install.

Pay per Lead
Vgl. Cost per Lead.

Pay per Print-out
Vgl. Cost per Print-out.

Pay per Sale (PPS)
Vgl. Cost per Order.

Pay per Sign-up
Vgl. Cost per Sign-up.

Paywall
Als Paywall wird ein Mechanismus bezeichnet, durch den spezifische, online präsentierte Inhalte erst nach Bezahlen einer Gebühr bzw. nach Abschluss eines Abonnements vom Content-Anbieter freigegeben werden. Eine solche Paywall haben inzwischen verschiedene Zeitungen und Zeitschriften für ihre Inhalte installiert.

Permission (auch Opt-in)
Mit einer Permission ist eine spezifische Erlaubnis gemeint, die ein Interessent oder ein Kunde einem Unternehmen hinsichtlich des „erlaubten" Weges der

Kontaktaufnahme und/oder des Zugriffs auf bestimmte Daten erteilt. Diese Permissions können jederzeit durch den Interessenten oder Kunden widerrufen werden. Unternehmen sind i. d. R. rechtlich verpflichtet, diese Erlaubnisse zur Kontaktaufnahme streng zu beachten.

Personalisierung
Unter einer Personalisierung versteht man die persönliche, d. h. namentliche Ansprache des Nutzers durch ein werbendes Unternehmen.

Podcast
Bei Podcast handelt es sich um ein Kunstwort, das sich aus dem bekanntesten MP3-Player, dem *iPod* von *Apple* (wobei Pod für „play on demand" steht) und dem Begriff Broadcast (Rundfunk) zusammensetzt. Als Podcasts werden Audio- und Videobeiträge bezeichnet, die online verbreitet werden und dort abonniert werden können. Podcasting bezeichnet das Herstellen und Anbieten von Medien-Dateien über das Internet.

Point of Sale (POS)/Point of Purchase (POP)
Als Point of Sale wird der Ort bezeichnet, an dem der Kauf bzw. der Verkauf stattfindet. Diese Aktivitäten können online oder offline stattfinden.

Position Zero
Die Position Zero ist das Suchergebnis, dass oberhalb der organischen Trefferliste angezeigt wird. Das Ziel der Voice Search Engine Optimization ist es, diese Position zu erreichen.

Positionierung
Die Positionierung beschreibt die gewünschte und planmäßig ausgestaltete „Position" eines Produktes, einer Dienstleistung, einer Marke und/oder eines Unternehmens hinsichtlich der für die Zielpersonen relevanten Dimensionen im Vergleich zu relevanten Wettbewerbern. Die Positionierung ist so auszugestalten, dass sich das eigene Produkt, die eigene Dienstleistung, die eigene Marke bzw. das Unternehmen von den anderen am Markt verfügbaren Angeboten differenziert.

Post
Im Internet wird der englische Begriff „Post" für Beiträge in Communitys, Blogs, sozialen Netzwerken etc. verwendet.

Predictive Behavioral Targeting

Predictive Behavioral Targeting ist eine spezifische Form der Zielgruppenansprache im Online-Marketing. Hierbei wird die Bereitstellung von Online-Werbung am erwarteten Verhalten des Online-Nutzers ausgerichtet. Dazu werden Informationen zum Online-Nutzungsverhalten mit weiteren Daten von anderen Online-Nutzern verknüpft, um auf das erwartete Verhalten bzw. auf erwartete Interessengebiete „hochzurechnen".

Pretest

Ein Pretest ist ein Instrument der Marketing-Forschung, durch dessen Einsatz die Wirkungen geplanter Marketing-Maßnahmen – vor ihrem umfassenden Einsatz – in einem Testumfeld ermittelt werden.

Produkttest

Beim Produkttest geht es im Zuge einer experimentellen Untersuchung darum, ein noch nicht im Markt eingeführtes Produkt durch Testpersonen zum probeweisen Ge- oder Verbrauch vorzulegen und bewerten zu lassen. Auf diese Weise kann die Marktfähigkeit einer Leistung geprüft werden.

Profildaten

Profildaten geben bei Konsumenten Auskunft über die Demografie (wie Alter, Geschlecht), die Psychografie (wie Lifestyle-Orientierung) und das soziale Leben eines Konsumenten (Familiensituation, Engagement in den sozialen Medien). Bei einem Unternehmen liefern Profildaten Informationen über die Unternehmensgröße und die jeweilige Branche; sie können aber auch psychografische Daten wie Erwartungen und Wünsche der unternehmensinternen Entscheidungsträger umfassen.

Publisher

Vgl. Affiliate-Marketing.

Pull-Ansatz

Beim Pull-Ansatz wird der Kunde umworben, selbst aktiv zu werden und somit etwas explizit nachzufragen (bspw. durch den Download von Studien oder White Papers als Teil des Content-Marketings). Bei Pull-Nachrichten geht die Initiative zur Übermittlung von Inhalten vom Kunden aus.

Push-Ansatz

Beim Push-Ansatz wird der Kunde ungefragt mit Werbebotschaften versorgt. So nutzen werbetreibende Unternehmen angemietete Adresslisten, um Werbebotschaften an die Zielgruppen zu übermitteln. Häufig erbitten Unternehmen in ihren Apps auch die Erlaubnis, den Nutzern sogenannte Push-Nachrichten zu übermitteln. Bei Push-Nachrichten geht die Initiative zur Übermittlung von Inhalten vom Unternehmen aus.

QR-Code

QR steht für Quick Response. Der QR-Code besteht aus einer quadratischen Matrix und enthält Daten, die mithilfe einer Software von Mobiltelefonen und anderen Lesegeräten ausgelesen werden können. Durch einen QR-Code kann sehr schnell und einfach auf online verfügbare Informationen zugegriffen werden.

Reaktanz

Reaktanz stellt sich ein, wenn sich ein Individuum einer ungewünschten Beeinflussung ausgesetzt fühlt und sich durch eine Trotzreaktion dem erwarteten Verhalten entzieht. Reaktanz ist das Gegenstück zur Akzeptanz.

Reaktion

Vgl. Response.

Reaktionsquote

Vgl. Responsequote.

Reaktionsverstärker

Vgl. Responseverstärker.

Recommendation Engine

Bei einer Recommendation Engine handelt es sich um einen Algorithmus. Dieser leitet persönliche Empfehlungen für einzelne Personen oder Personengruppen aus dem bisherigen Kaufverhalten aller Kunden ab. Hierfür können klassische Warenkorb-Analysen eingesetzt werden. Heute kommen in diesem Bereich verstärkt Algorithmen der Künstlichen Intelligenz zum Einsatz.

Rectangle

Rectangles sind Online-Werbe-Banner, die direkt im redaktionellen Umfeld der Websites platziert werden und von mehreren Seiten mit redaktionellen Inhalten umgeben sind. Damit soll deren Glaubwürdigkeit erhöht werden.

Referrer

Referrer sind die URLs der Seite, von denen ein Nutzer per Klick auf die zu ana-
lysierende Website gelangt ist. Dies können die Trefferlisten von Suchmaschinen,
Keyword Ads oder Werbebanner sein.

Reichweite

Die Reichweite ist eine Kontaktmaßzahl zur Beurteilung der Breitenwirkung von
Medien. Sie nennt den Anteil der Personen, die mit einem oder mehreren Werbeträgern oder Werbemitteln in Kontakt kommen. Die quantitative Reichweite gibt
an, wie viele Personen in einer Zeiteinheit mit dem Werbeträger in Kontakt kommen, unabhängig davon, ob diese zur jeweiligen Zielgruppe gehören. Die qualita-
tive Reichweite besagt, inwieweit ein Werbeträger genau den zu umwerbenden
Personenkreis erreicht. Bei der Netto-Reichweite geht es um die Frage, wie viele
Personen die Werbung mindestens einmal gesehen haben; Mehrfachkontakte werden bei der Netto-Reichweite folglich nicht gezählt.

Reichweite, organische

Die organische Reichweite (auch **organic reach**) beschreibt die Anzahl bzw. den
Prozentsatz der Posts (etwa bei *Facebook*), den ein Unternehmen ohne Bezahlung
an den Plattformbetreiber an die eigenen Fans oder Follower ausspielen kann.

Relaunch

Beim Relaunch handelt es sich um eine Strategie zur Verlängerung des Produkt-
lebenszyklus – vorwiegend eingeleitet am Ende der Sättigungsphase. Im Sinne dieses Neustarts werden häufig die Produktgestaltung sowie weitere Elemente des
Marketing-Diamanten zielgruppenspezifisch angepasst. Ein Relaunch kann analog
auch für Dienstleistungen durchgeführt werden.

Reminder

Ein Reminder ist eine „Erinnerungsstütze". Diese soll eine Zielperson (nach dem
Erhalt eines Katalogs oder einer E-Mail) daran erinnern, jetzt etwa einen Kauf zu
tätigen oder ein Formular auszufüllen. Ein Reminder nimmt folglich Bezug auf
eine vorausgehende werbliche Aktivität eines Unternehmens.

Reporting

Beim Reporting geht es um die Aufbereitung von zentralen Unternehmensdaten
durch Berichte. Es gilt zu dokumentieren, welche Kunden besonders viel bestellt
oder gekündigt haben und welche neu gewonnen wurden.

Response (auch Reaktion)

Response ist die durch eine Zielpersonenansprache ausgelöste Reaktion des Angesprochenen. Dies kann eine Rückfrage, eine Informationsabforderung, eine Weiterempfehlung oder eine Bestellung sein.

Responseelement

Ein Responseelement bietet dem Empfänger einer Botschaft die Möglichkeit zur Reaktion. Ein Responseelement kann als Coupon, Antwortkarte oder Bestellformular ausgestaltet sein.

Response-Management

Das Response-Management beinhaltet die Gesamtheit der Maßnahmen, die für eine Erfassung und Bearbeitung der Response aus Marketing-Aktivitäten eingesetzt werden. Das Response-Management schließt mit einer Responseanalyse ab.

Responsemedien, klassische

Zu den klassischen Responsemedien werden vor allem TV, Radio, Zeitungen und Zeitschriften gerechnet. Dort erfolgte Schaltungen von Spots und Anzeigen werden zu Dialog-Maßnahmen, wenn auf eine unmittelbare Response abgezielt wird. Dies kann durch die Angabe einer Telefonnummer, eines QR-Codes, einer E-Mail- oder Internetadresse oder einer postalischen Adresse erfolgen. Auf diese Weise werden Spots zu DR-Spots und Anzeigen zu DR-Anzeigen, wobei DR für Direct Response steht. Durch diese Maßnahmen werden die klassischen Medien zu Responsemedien.

Responsequote (auch Reaktionsquote)

Die Responsequote ist eine zentrale Kennzahl des Marketings. Sie stellt in Prozentwerten dar, wie viele Reaktionen in Relation zu den eingesetzten Werbemitteln zu verzeichnen waren.

Responseverstärker

Ein Responseverstärker ist ein Vorteil, der den Empfänger einer Werbebotschaft zu einer Reaktion motivieren soll. Folglich soll ein Responseverstärker das Response erhöhen. Ein Responseverstärker kann ein zeitlich befristeter Preisnachlass oder ein Geschenk sein, das dem Reagierer versprochen wird. Soll eine möglichst schnelle Reaktion erfolgen, wird die Reaktionsgeschwindigkeit der Empfänger belohnt. Dann erhalten die ersten 100 Einsender eine besondere Belohnung. In diesem Fall spricht man auch von einer Geschwindigkeitsprämie bzw. von einem Early-Bird-Anreiz.

Responsive (Web) Design

Das Ziel eines Responsive (Web) Designs ist eine „optimale" Ansicht der Website („Viewing Experience") unabhängig davon, welches Endgerät eingesetzt wird. Hierfür passen sich die Inhalte einer Website, aber auch eines E-Newsletters, automatisch der Größe des jeweils genutzten Endgeräts an. Hierdurch werden das Lesen und Navigieren auf einer Website bzw. eines E-Newsletters erleichtert.

Retail-Media

Mit Retail-Media wird die Möglichkeit bezeichnet, Anzeigen innerhalb von Online-Shops und auf Marktplätzen (wie *Amazon*, *eBay*, der *Otto Group Media* und *Zalando*) zu schalten.

Retargeting

Retargeting wird ein Verfolgungsverfahren genannt, bei dem ein Online-Besucher einer Website markiert wird, um diesen Besucher auf der gleichen oder auf anderen Websites mit gezielter Werbung erneut anzusprechen, um so die Conversion Rate zu erhöhen. Die Kernzielgruppe des Retargetings besteht aus den Besuchern einer Website, die dort bestimmte Maßnahmen durchgeführt haben, ohne den vom Unternehmen präferierten Abschluss zu tätigen. Die Nutzer werden beim Besuch bestimmter Websites (meistens) durch Cookies markiert und durch diese später wieder auf anderen Websites identifiziert. Dort werden ihnen dann im Rahmen eines Werbenetzwerkes die entsprechenden Produkte oder Dienstleistungen der besuchten Website erneut angezeigt. Hierdurch wird versucht, die Nutzer zu Conversions zu motivieren, die beim ersten Besuch nicht erfolgten.

Retoure

Eine Retoure ist eine Rücklieferung einer Bestellung an den Lieferanten.

Return on Investment (ROI)

Return on Investment ist eine zentrale Messgröße zur Ermittlung der Rentabilität einer getätigten Investition. Hierzu wird der erzielte Gewinn in Relation zum Investitionsbetrag gesetzt. Die Kennzahl Return on Investment wird in Prozent ausgedrückt.

Retweet

Retweets sind die an die eigenen Follower weitergeleiteten Tweets anderer Nutzer bei dem Microblogging-Dienst *X*.

Revenue per Visit (RPV)/Revenue-per-Visitor (RPV)
Die Kenngröße Revenue per Visit weist aus, wie viel Umsatz pro Website-Besucher bzw. pro Website-Besuch erlöst wurde.

Rich Media
Als Rich Media werden Internetinhalte bezeichnet, die optisch oder akustisch durch die Einbindung von Video-, Audio- und/oder anderen Animationselementen ergänzt werden. Auf diese Weise soll die Beschäftigung mit den Inhalten und damit die Betrachtungsdauer erhöht werden.

Robots
Vgl. Crawler.

Roseshower
Ein Roseshower ist das Gegenstück des Shitstorms. Bei einem Roseshower wird eine Vielzahl von positiven Meldungen über ein Produkt, eine Dienstleistung, eine Marke oder ein Unternehmen viral verbreitet.

RSS-Feed
RSS steht für Really Simple Syndication. Sogenannte RSS-Feeds bieten Nutzern die Möglichkeit, regelmäßig neue Informationen auf einer Webseite zu erhalten. Hierfür können die in standardisierter, maschinenlesbarer Form aufbereiteten Inhalte abonniert werden.

Rückgewinnungsmanagement
Beim Rückgewinnungsmanagement geht es darum, eine gefährdete oder im Niedergang befindliche Beziehung zwischen einem Kunden und einem Unternehmen zu erneuern, um (werthaltige) Kunden weiterhin an das Unternehmen zu binden. Hierzu können verschiedene Maßnahmen eingesetzt werden, sogenannte Win-back-Calls.

Sammelkarten
Sammelkarten sind papiergestützte Konzepte, auf denen Käufe – häufig personen- und zeitpunktunabhängig – durch Stempel, Wertmarken o. Ä. erfasst werden. Sie stellen eine einfache Möglichkeit dar, ohne IT-Unterstützung loyale Kunden zu belohnen.

Search Engine Advertising (SEA)
Vgl. Suchmaschinenwerbung.

Search Engine Optimization (SEO)
Vgl. Suchmaschinenoptimierung.

Second Screen
Vgl. First Screen.

Seeding
Seeding ist abgeleitet vom englischen Begriff „to seed" für „Säen" und bedeutet das Ausbringen von Botschaften, um dadurch eine bestimmte Diskussion anzustoßen oder einer laufenden Diskussion neue Impulse oder eine andere Richtung zu geben. Seeding stellt auch einen wichtigen Schritt des viralen Marketings dar, indem Inhalte auf sogenannten Seeding-Plattformen bereitgestellt werden.

Segmentierung, akquisitionsorientierte
Im Zuge einer akquisitionsorientierten Segmentierung definiert das Unternehmen, welche Personen oder Unternehmen bzw. Gruppen das eigene Unternehmen als Kunden gewinnen möchte. Diese Festlegung der Akquisitionsschwerpunkte ist nicht nur für die Ausgestaltung des Marketing-Konzepts von Bedeutung, sondern auch für die Definition des relevanten Informationsbedarfs und für die Auswahl der für die Akquisition einzusetzenden Marketing-Instrumente.

Segmentierung, mikrogeografische
Bei der mikrogeografischen Segmentierung wird eine Vielzahl von Informationen auf kleinster geografischer Ebene zusammengeführt, um entweder eigene Kundenbestände zu bewerten oder gezielt in die Akquisition neuer Kunden einzusteigen. Diese Segmentierung basiert auf flächendeckenden Datenbanken, die auf kleinräumiger Struktur (auf Zellen-Basis) eine möglichst große Anzahl von kaufverhaltensrelevanten Informationen über Konsumenten zusammentragen. Die in einer Zelle zusammengefassten Haushalte werden als homogen angesehen und mit einem „Stempel" i. S. einer Zuordnung zu einem bestimmten Merkmals- und Verhaltensmuster versehen. Die Begründung, warum verschiedene Haushalte in einer kleinen Zelle als homogen betrachtet werden, ist die sogenannte Nachbarschaftshypothese. Diese unterstellt, dass Menschen in Gebieten wohnen, in denen sich bereits „gleichgesinnte" Personen angesiedelt haben.

Segmentierung, transaktionsorientierte
Eine transaktionsorientierte Segmentierung kann für die bereits gewonnenen Interessenten und Kunden eines Unternehmens durchgeführt werden. Bei dieser Segmentierung wird auf bereits gewonnenen Informationen aufgesetzt, die im Zuge der

Transaktionen zwischen Interessenten und Kunden einerseits und dem Unternehmen andererseits gewonnen wurden. Die transaktionsorientierte Segmentierung ermöglicht eine viel größere Tiefe und Schärfe in der Segmentbeschreibung und -bearbeitung als die akquisitionsorientierte Segmentierung.

Sentiment
Sentiment bedeutet „Stimmung" und beschreibt die positiven, neutralen bzw. negativen Statements bzgl. einer Person, eines Unternehmens, eines Produktes, einer Dienstleistung oder einer Marke in den sozialen Medien. Durch entsprechende Sentiment-Analysen können die Posts in den sozialen Medien anhand ihrer Tonalität ausgewertet werden.

SERPs (Search Engine Result Pages)
Mit dem Begriff Search Engine Result Pages werden die Ergebnisseiten der Suchmaschine bezeichnet, die sowohl die organischen Trefferlisten als auch die Keyword-Anzeigen, das Knowledge Panel und ggf. auch Shopping-Ergebnisse umfassen.

Share-of-Mind
Share of Mind bezeichnet die Bekanntheit bzw. die Vertrautheit eines Kunden mit dem Angebot eines Unternehmens im Vergleich zu denen der Wettbewerber. Hierdurch werden die Präsenz von Marken, Produkten oder Dienstleistungen sowie von Unternehmen und deren Rangreihe im Bewusstsein des Verbrauchers dargestellt. Wer auf dem ersten Platz gelandet ist, hat die Position „Top of Mind" erreicht.

Share of Wallet
Der Share of Wallet bezeichnet den monetären Anteil eines Unternehmens am gesamten Umsatz eines Kunden, den dieser in einer spezifischen Produktkategorie (Drogerieartikel oder Bekleidung) tätigt.

Shitstorm
Ein Shitstorm ist ein Phänomen der sozialen Medien und bezeichnet das massenhafte Aufkommen von kritischen Äußerungen gegenüber Unternehmen, bestimmten Angeboten und/oder Personen.

Showrooming
Beim Showrooming suchen Kaufinteressierte klassische Offline-Geschäfte auf, um sich hier – wie in einem Showroom – zu informieren und ggf. auch bestimmte Pro-

dukte aus- oder anzuprobieren. Der Kauf wird im Anschluss über das Internet vollzogen. Showrooming geht folglich mit Beratungsdiebstahl Hand in Hand.

Silo
Im Management versteht man unter einem Silo in Zusammenhang mit Informationen und Prozessen das Denken in geschlossenen Einheiten (wie Abteilungen oder Fachbereichen). Man spricht von einer Silo-Mentalität, wenn Personen die von ihnen gehaltenen Informationen nicht mit anderen Personen oder Bereichen teilen möchten.

Sign-up
Beim Sign-up teilt der Nutzer dem Unternehmen aktiv seine Daten mit. Häufig erfolgt dies als Eintrag in einer Mailingliste zum regelmäßigen Empfang eines Newsletters, zum Erhalt einer Kundenkarte, beim Download einer App oder beim Kauf in einem Online-Shop.

Single Opt-in
Das Single Opt-in ist ein Konzept zur Erlangung einer Erlaubnis für die Ansprache per E-Mail, Fax oder Telefon. Bei diesem teilt ein Interessent mit, dass er bspw. am Bezug eines E-Mail-Newsletters interessiert ist. Beim Single Opt-in muss diese Bestellung/Anmeldung nicht wie beim Double Opt-in nochmals bestätigt werden. Dieses Verfahren ist allerdings nicht rechtssicher und reicht bei gerichtlichen Auseinandersetzungen über die Rechtmäßigkeit einer werblichen Ansprache nicht aus.

Single View of Customer (auch Single Point of Information oder Single Point of Truth)
Beim **Single View of Customer** handelt es sich um die Schaffung einer system- und datentechnisch einheitlichen Sicht auf Interessenten und Kunden – unabhängig davon, auf welchem Kanal welche Informationen gewonnen wurden. Im Kern geht es um den Aufbau einer Kundendatenbank, in der diese unterschiedlichen Informationen konsolidiert und auswertbar erfasst werden.

Sitemap (auch Seitenübersicht)
Unter Sitemap ist eine übersichtliche und vollständige Präsentation der Einzeldokumente bzw. Websites eines Online-Auftrittes zu verstehen. Häufig werden neben der Gesamtstruktur auch die hierarchischen Verknüpfungen zwischen den einzelnen Seiten des Web-Auftrittes gezeigt. Sitemaps sollen das Auffinden von Inhalten für Nutzer und Suchmaschinen erleichtern. Sie sind ein Beispiel für Metadaten.

Site Stickiness
Vgl. Stickiness.

Skalierbarkeit
Von einer guten Skalierbarkeit wird gesprochen, wenn eine Software auch für andere Aufgaben oder für eine größere Datenmenge eingesetzt werden kann, ohne dass damit überproportional viele zusätzliche Kosten verbunden sind. Im Werbekontext ist mit Skalierbarkeit bspw. das Phänomen gemeint, dass eine Vervielfachung von Online-Anzeigen selbst keine (großen) Aufwände verursacht. Mehrkosten ergeben sich nur durch die zusätzlich anfallenden Klick-Kosten, die allerdings auch mit einer gewünschten Werbewirkung einhergehen.

Skyscraper
Skyscraper sind Banner, die aufgrund ihrer Form (hoch und schmal) an Wolkenkratzer (Englisch „skyscraper") erinnern und meistens am rechten Rand der Website zu sehen sind.

Sleeper-Quote
Die Sleeper-Quote nennt den prozentualen Anteil an den ausgegebenen eigenen Kundenkarten, die nicht oder nicht in der erwünschten Frequenz eingesetzt werden. Auch bei Apps wird von einer Sleeper-Quote gesprochen, wenn der Prozentsatz derjenigen gemeint ist, die eine App heruntergeladen haben, diese aber nicht nutzen.

Social Bookmarking
Social Bookmarking bezeichnet die Möglichkeit, interessante Websites zu markieren und andere Nutzer über die eigenen Website-Präferenzen zu informieren.

Social Commerce/S-Commerce (auch Empfehlungshandel bzw. Social Shopping)
Social Commerce ist eine spezifische Ausprägung des E-Commerce, welche durch die aktive Einbindung anderer Nutzer in den Kaufprozess eine „soziale Komponente" enthält. Zentrale Elemente des S-Commerce sind Beteiligungen der Kunden am Design oder der Verkauf über Empfehlungen anderer Kunden.

Social Media
Vgl. soziale Medien.

Social-Media-Marketing
Social-Media-Marketing umfasst die Planung, Organisation, Durchführung und Kontrolle von Maßnahmen, bei denen sich ein Unternehmen zur Erreichung von Marketing-Zielen der sozialen Medien bedient.

Social-Media-Targeting
Social-Media-Targeting bezeichnet die Eingrenzung und Erreichung der Zielgruppen in den sozialen Medien. Die Bereitstellung von Online-Werbung basiert auf den über und durch den Nutzer veröffentlichten Informationen in den sozialen Netzwerken.

Social Plug-in
Social Plug-ins sind Funktionen von Social-Media-Plattformen, die auf eigenen Websites integriert werden können. Das wohl wichtigste Social Plug-in ist der „Gefällt mir"-Button (Like-Button) von *Facebook*. Es ermöglicht Besuchern, über den einfachen Klick auf einen solchen Button mit dem Netzwerk zu interagieren. Sie dienen außerdem als Werkzeuge, um den Nutzern personalisierte Nutzererfahrungen auf der eigenen Website anzubieten, da diese durch die Interaktion mit Social Plug-ins auch außerhalb von sozialen Netzwerken geteilt werden.

Social Signals
Social Signals sind Äußerungen und Aktivitäten, die Nutzer in den sozialen Medien zeigen. Die zentralen Social Signals sind Likes, Shares und Kommentare.

Social Sign-in (auch Social Log-in)
Social Sign-ins werden eingesetzt, um Nutzern den Registrierungsprozess zu erleichtern und gleichzeitig Zugang zu weiteren Nutzerdaten zu erhalten. Bei Social Sign-ins werden vom Nutzer bereits vorhandene Log-in-Informationen (von sozialen Netzwerken, von *Microsoft* oder von *Google*) für ein Log-in auf Websites Dritter verwendet. Hierdurch muss der Nutzer nicht für jede neue, durch ein Log-in geschützte Plattform ein neues Konto anlegen.

Social Sites
Vgl. soziale Medien.

Softbounce
Vgl. Bounce.

Soziale Medien (auch Social Media, Social Sites)
Unter dem Begriff soziale Medien werden Online-Medien und -Technologien zusammengefasst, die es den Nutzern ermöglichen, einen Informationsaustausch online durchzuführen, der weit über die klassische E-Mail-Kommunikation hinausgeht und einen hohen Grad an Interaktion aufweist. Beispiele für soziale Medien sind neben sozialen Netzwerken und Media-Sharing-Plattformen auch Blogs, Online-Foren und Online-Communitys.

Soziale Netzwerke
Soziale Netzwerke stellen eine Form der sozialen Medien dar, welche durch die Vernetzung von angemeldeten Nutzern gekennzeichnet ist. Die Präsentation durch angelegte Nutzerprofile und das Versenden von Nachrichten an bestimmte Personen sind besonders charakteristisch.

SPAM
Unerwünschte E-Mails werden als SPAM bezeichnet. Der diesem häufig zugrunde liegende massenhafte Versand von unerwünschten Werbe-E-Mails wird als Spamming oder Spammen bezeichnet.

Spider
Vgl. Crawler.

Split-Run-Test
Vgl. A/B-Test.

Sponsorenlink
Vgl. Keyword-Anzeige.

Sponsored Link
Vgl. Keyword-Anzeige.

Stakeholder
Der englische Begriff „Stakeholder" leitet sich von „to have a stake in something" ab. Das bedeutet so viel wie „einen Anteil an etwas haben". In Deutsch kann deshalb von Anspruchsträgern oder Anspruchsgruppen, von interessierten Personen und/oder Betroffenen an einem Unternehmen gesprochen werden. Zu den Stakeholdern eines Unternehmens zählen die Mitarbeiter, die Kunden, die Kooperationspartner, die Anteilseigener, aber auch die Gesellschaft insgesamt.

Stickiness
Die Site Stickiness wird häufig zur Erfolgsmessung von Online-Auftritten herangezogen und bezieht sich auf die durchschnittliche Nutzungs- bzw. Verweildauer auf einer Website. Hier wird auch von „Time on Site" gesprochen.

Storytelling (auch Story Telling)
Beim Storytelling werden Werte und Informationen durch eine erzählte Geschichte vermittelt, um Kunden mit der Werbebotschaft emotional zu erreichen. Die präskriptive (d. h. vorschreibende) Funktion wirkt Normen setzend und definiert dadurch, welches die relevanten Werte von Unternehmen und Marke sind. Die deskriptive (d. h. beschreibende) Funktion liefert zusätzlich eine Vorstellung, in welcher Form Werte konkret gelebt werden können.

Strategie
Strategien sind gekennzeichnet als die grundsätzliche, langfristige Verhaltensweise und Orientierung der Unternehmung und relevanter Teilbereiche gegenüber ihrer Umwelt zur Erreichung der langfristigen Ziele des Unternehmens. Hier stehen häufig das gesamte Unternehmen, komplette Strategische Geschäftsfelder (SGFs) oder Strategische Geschäftseinheiten (SGEs) im Mittelpunkt der Strategieentwicklung. Bei Strategien geht es um die Erarbeitung von Konzepten zur langfristigen Schaffung, Sicherung und Ausschöpfung von Erfolgspotenzialen. Diese setzen die Rahmenbedingungen für die operative Planung. Zu den strategischen Aufgabenstellungen gehört auch der Entwurf von Systemen, die den unternehmerischen Aktivitäten zugrunde liegen. Hierzu gehört etwa eine Re-Organisation, d. h. die Überarbeitung der Aufbauorganisation, die sich im Organigramm des Unternehmens wiederfindet. Dazu zahlt aber auch die Weiterentwicklung der Ablauforganisation, wie sie der Planung, der Implementierung und dem Controlling zugrunde liegt.

Streaming
Streaming bezeichnet eine Datenübertragung, bei der Audio- oder Video-Inhalte über ein Netzwerk, meist das Internet, empfangen und im selben Moment wiedergegeben werden.

Streuverluste
Streuverluste sind nicht angestrebte Kontakte bei Werbemaßnahmen. Diese treten dann auf, wenn Personen oder Unternehmen mit einem Werbeträger (einem TV-Spot, einer Anzeige, einem Werbebanner oder einem Mailing) konfrontiert werden,

obwohl sie nicht zur Zielgruppe gehören. Hierbei handelt es sich um eine Fehlstreuung, die durch Optimierungsmaßnahmen möglichst reduziert werden soll.

Suchmaschinenoptimierung (SEO für Search Engine Optimization)
Durch die Suchmaschinenoptimierung versuchen Unternehmen aufgrund einer spezifischen Ausgestaltung ihres Online-Auftritts sowie durch Maßnahmen auf Websites von Dritten, gute Platzierungen in den organischen Trefferlisten der Suchmaschinenanbieter zu erreichen.

Suchmaschinenwerbung (SEA für Search Engine Advertising) (auch Keyword Advertising, Sponsored Links)
Bei der Suchmaschinenwerbung schalten Unternehmen Werbebanner, um bei passenden Suchanfragen im Umfeld der organischen Trefferliste der Suchmaschinen zu erscheinen.

SWYN
SWYN steht für „share with your network" und beschreibt das Teilen eines Inhalts bspw. über *Facebook* oder *X*. Hier wird auch von Social Sharing gesprochen.

Tag
Ein Tag („Etikett") ist eine Auszeichnung bzw. Markierung eines Datenbestandes durch zusätzliche Informationen. Beim Prozess des Taggings werden Datenbestände mit passenden Schlagworten oder Kategorien versehen. Dadurch soll i. d. R. eine leichtere Auffindbarkeit gesichert werden. Häufig werden für das Tagging Hashtags (#) eingesetzt.

Targeting
Die genaue Zielgruppenansprache wird als Targeting (von englisch „target" für „Ziel") bezeichnet. Wichtigste Voraussetzung dafür ist die Zielgruppenbestimmung im Vorfeld einer jeden Werbekampagne.

Tausend-Kontakt-Preis (TKP)
Vgl. Cost per Mille.

Telefon-Marketing
Das Telefon-Marketing beschreibt die Gesamtheit der Marketing-Aktivitäten, welche durch den Einsatz des Telefons ausgeführt und unterstützt werden. Man unterscheidet zwischen aktivem (Outbound-) und passivem (Inbound-)Telefon-Marketing.

Template

Ein Template ist eine Schablone für die Ausgestaltung der Kommunikation. Durch diese Schablone wird festgelegt, wo das Logo, Fotos, der Body-Text etc. zu positionieren sind und welche Schrifttype und Schriftgröße eingesetzt werden. Templates können für E-Mails, E-Newsletter, Flyer, Mailings, Anzeigen etc. erarbeitet werden, um so in der Kommunikation eine wiedererkennbare Handschrift sicherzustellen.

Textanzeige

Vgl. Keyword-Anzeige, Textlink.

Textlink

Ein Textlink ist eine Textanzeige, die unmittelbar mit der Website des Werbenden verlinkt ist. Ein solcher Textlink kann entweder im redaktionellen Inhalt einer Website oder in der Navigationsleiste eingebunden sein. Vom eigentlichen Inhalt der Website hebt er sich durch den Zusatz „Anzeige" ab. Bei dieser Form der Online-Werbung besteht die Gefahr, dass die Grenzen zwischen redaktionellen und werblichen Inhalten verwischen.

The-winner-takes-it-all-Phänomen

Das The-winner-takes-it-all-Phänomen bezeichnet eine Konzentrationsentwicklung vor allem auch im Online-Markt. Die großen Plattformen (*Amazon, Facebook, Google, Instagram* etc.) ziehen aufgrund von positiven Netzwerkeffekten immer mehr Anbieter und Nachfrager auf ihre Seiten.

Third Screen

Vgl. First Screen.

Tonalität (auch Tonality)

Unter Tonalität ist der Grundton der Ansprache bspw. von Werbebotschaften zu verstehen. Die Markentonalität ist Teil der Markenidentität und sollte neben Persönlichkeitsmerkmalen einer Marke auch deren Erlebnisse und Beziehungsmerkmale berücksichtigen.

Auch bei den Beiträgen von Nutzern in den sozialen Netzwerken spricht man von Tonalität, um die unterschiedlichen Stimmungen bzw. Sentiments der hier geäußerten Meinungen zu bewerten.

Trefferliste, organische

Im Rahmen der Suchmaschinenoptimierung spricht man von organischen Treffern oder einer organischen Trefferliste. Darunter versteht man die durch einen Algorithmus der Suchmaschine ermittelten Ergebnisse im Zuge eines durch einen Online-Nutzer initiierten Suchprozesses. Der Rangplatz auf den organischen Trefferlisten resultiert aus einer – durch den Suchmaschinenbetreiber ermittelten – Übereinstimmung zwischen den eingesetzten Suchbegriffen eines Nutzers und den online verfügbaren Inhalten verschiedener Anbieter.

Umwandlung

Vgl. Conversion.

Up-Sell

Up-Sell zielt darauf ab, einen bereits gewonnenen Kunden zum Erwerb höherwertiger Produkte oder Dienstleistungen desselben Unternehmens zu motivieren.

URL

URL ist die Abkürzung für Uniform Resource Locator. Im Deutschen wird URL umgangssprachlich als Web- oder Internetadresse übersetzt Eine URL kann eine Ressource/Website über die zu verwendende Zugriffsmethode, wie das verwendete Netzwerkprotokoll (http oder FTP), identifizieren und lokalisieren.

Usability

Usability bezieht sich bspw. auf eine Corporate Website. Eine hohe Usability ist aus Sicht der Kunden vorteilhaft und sollte daher angestrebt werden. Sie setzt sich u. a. aus dem Prozess der Navigation, der Übersichtlichkeit sowie der Relevanz und Aktualität der Inhalte zusammen.

User-Generated Content

Zum User-Generated Content zählen Texte, Fotos, Audio-Dateien und Videos von Kunden, aber auch die sozialen Signale in Gestalt von Kommentaren und Bewertungen.

Versandhandel

Beim Versandhandel handelt es sich um eine Form des Einzelhandels, bei der Ware „auf Distanz" ge- und verkauft wird.

Versandmenge
Als Versandmenge bezeichnet man die gesamte Anzahl an versendeten Einheiten, von Mailings, E-Mails, Newsletters oder Coupons.

Verweildauer
Vgl. Stickiness.

Viral-Marketing (auch virales Marketing oder Virus-Marketing)
Von Viral-Marketing wird gesprochen, wenn die Vernetzung zwischen Menschen – vor allem, aber nicht ausschließlich – durch das Internet ausgenutzt wird, um Marketing-Inhalte epidemisch wie ein Virus zu verbreiten. Das besondere Kennzeichen derartiger Kampagnen ist, dass sich diese – i. d. R. ohne flankierenden Medieneinsatz – innerhalb der Nutzergemeinde wie ein Lauffeuer ausbreiten und damit einen Schneeball-Effekt auslösen.

Visit
Mit Visits wird die Anzahl der Besuche einer Website angegeben. Solange ein Besucher (Visitor) innerhalb derselben Website verschiedene Seitenaufrufe (Page Impressions) unternimmt, wird dies als nur ein „Visit" ausgewiesen. Die Zuordnung mehrerer Page Impressions zu einem Nutzer kann über die IP-Adresse oder Cookies erfolgen. Die Visits sind von den Unique Visits zu unterscheiden.

Voice-Marketing
Voice-Marketing beschreibt die Planung, Implementierung und Kontrolle aller auf die aktuellen und potenziellen Märkte ausgerichteten Unternehmensaktivitäten, die sich die gesprochene Sprache und/oder Voice-Engines als Kommunikations-, Verkaufs- und Distributionskanal zunutze machen, um langfristig profitable Kundenbeziehungen aufzubauen, zu erhalten und weiterzuentwickeln.

Wallpaper
Das Wallpaper setzt sich aus einem Super-Banner (einem großformatigen Banner) und einem Skyscraper zusammen. Er umrahmt den redaktionellen Inhalt am oberen und am rechten Rand.

Web
Der Begriff Web ist die Abkürzung für World Wide Web (www).

Web 1.0
Web 1.0 bezeichnet die erste Phase des Internets, während der Nutzer hauptsächlich passiv Informationen konsumierten.

Web 2.0
Web 2.0 beschreibt eine Evolutionsstufe hinsichtlich des Angebotes und der Nutzung des Internets. Anstelle der reinen Informationsverbreitung rückt die Beteiligung der Nutzer in den Vordergrund. Der Konsument nimmt demnach eine aktive Rolle ein und wird folglich zum Prosument – eine Mischung zwischen Produzent und Konsument.

Web 3.0
Web 3.0 bezeichnet die nächste Generation des Internets, die auf Dezentralisierung, Künstlicher Intelligenz und semantischen Technologien basiert.

Webbrowser
Vgl. Browser.

Weblog
Vgl. Blog.

Web-Monitoring
Beim Web-Monitoring erfolgt eine systematische Auswertung der Beiträge von Online-Nutzern, die diese im Web geleistet haben. Hierdurch kann ein Unternehmen Feedback bzgl. der eigenen Leistungen oder auch Impulse für das Innovationsmanagement erhalten. Eine einfache Möglichkeit des Web-Monitorings stellt die Installation von *Google Alert* dar.

Website
Website bezeichnet im Internet den Ort einer Internetpräsenz, die meist aus einer Vielzahl von Seiten besteht.

Weiterleitungsrate
Die Weiterleitungsrate ist eine Messgröße für den Erfolg von Kommunikationsmaßnahmen. Sie beschreibt die Anzahl der Weiterleitungen im Verhältnis zu allen Empfängern einer E-Mail, eines Tweets, eines Posts etc.

Werbebanner
Vgl. Banner.

Werbebotschaft
Die Werbebotschaft ist der Kern einer werblichen Aussage, die ein Werbender an die Zielgruppe übermitteln will. Es kann sich um die Formulierung des Kundennutzens oder der Problemlösungseigenschaften eines Produktes oder einer Dienstleistung handeln.

Werbebrief
Vgl. Mailing.

Werbemittel
Das Werbemittel ist die gestaltete Form einer Werbebotschaft, ein TV-/Funk-Spot, eine Anzeige, eine Beilage, eine E-Mail, ein Mailing oder ein Werbebanner.

Werbeträger
Ein Werbeträger ist das Medium, das verschiedene Werbemittel an die Zielpersonen übermittelt. Zu den Werbeträgern bzw. Werbemedien zählen TV, Radio, Zeitungen, Zeitschriften, Internet oder Kino.

Werbung
Werbung ist ein Kommunikationsinstrument, durch das Informations-, Beeinflussungs- und Steuerungsziele im Hinblick auf die unternehmerische Kernleistung bei den Interessenten, Ziel- und Ist-Kunden mittels spezifischer Werbemittel erreicht werden sollen.

Wettbewerb
Wettbewerb beschreibt die Rivalitätsbeziehungen zwischen Teilnehmern an Wirtschaftsprozessen bei der Erreichung unternehmenseigener Ziele. Diese Ziele können auf Absatz- und Beschaffungsmärkten, aber auch in der allgemeinen Öffentlichkeit angestrebt werden.

Wiederkäuferrate
Die Wiederkäuferrate gibt an, wie viel Prozent der Käufer eines Produktes oder einer Dienstleistung innerhalb eines bestimmten Zeitraums erneut einen Kauf tätigen.

Wiki
Wikis (wie *Wikipedia*) sind im Internet veröffentlichte Seiten, die eine leichte Bearbeitung der Inhalte durch die Nutzer aufgrund einer vereinfachten Syntax ermöglichen.

World Wide Web (www)
Vgl. Internet.

Wunschkunde
Vgl. Segmentierung, akquisitionsorientierte.

Zero-Click Search (auch Null-Klick-Suchen)
Bei Zero-Click Search handelt es sich um Suchanfragen, die nach einem Blick auf das Knowledge Panel (etwa bei *Google*) keine weiteren Klicks auslösen, weil dort bereits alle gewünschten Informationen zu finden sind und keine weitere Recherche notwendig ist. Folglich wird keines der anderen Trefferergebnisse mehr geklickt.

Zero Gravity (Thinking)
Vgl. Digitalisierung.

Ziel
Ziele stellen eine Konkretisierung angestrebter Zustände in der Zukunft dar. Sie liefern damit die zentralen Orientierungspunkte für menschliches Handeln.

Zieldefinition
Zu einer präzisen Zieldefinition sind Zielinhalt (Was soll erreicht werden?), Zielausmaß (Wie viel soll erreicht werden?), Zeithorizont (Bis wann soll es erreicht werden?) und Geltungsbereich eines Ziels (Wo soll es erreicht werden?) zu fixieren.

Zielgruppe
Die Zielgruppe stellt einen definierten Kreis von Personen und/oder Unternehmen dar, die bspw. mit einer Werbeaktion angesprochen werden sollen.

Zielgruppenauswahl
Im Zuge einer Zielgruppenauswahl wird festgelegt, welche Interessenten- und/oder Kundengruppen durch Instrumente des Marketing-Diamanten bearbeitet werden sollen. Die Auswahl der Zielgruppen orientiert sich – wie die Ausgestaltung der Instrumente – an den Unternehmens- und Marketing-Zielen.

Zielkunde
Vgl. Segmentierung, akquisitionsorientierte.

Zustellrate (auch Delivery-Rate)
Die Zustellrate zeigt an, wie groß der Anteil gültiger E-Mail-Adressen bzw. postalischer Adressen ist. Sie wird ermittelt, indem man die nicht zustellbaren Adressen durch die Versandmenge dividiert und mit 100 multipliziert.

Was Sie aus diesem *essential* mitnehmen können

- Ein Nachschlagewerk für Theorie, Praxis und Studium
- Kompakte Definitionen für zahlreiche Anwendungsfälle
- Überblick über die wichtigsten Fachbegriffe im Bereich Online-Marketing

MIX
Papier aus verantwortungsvollen Quellen
Paper from responsible sources
FSC® C105338

If you have any concerns about our products,
you can contact us on
ProductSafety@springernature.com

In case Publisher is established outside the EU,
the EU authorized representative is:
Springer Nature Customer Service Center GmbH
Europaplatz 3, 69115 Heidelberg, Germany

Printed by Libri Plureos GmbH
in Hamburg, Germany